日语教学实践与创新研究

魏海燕　王骏琳◎著

《数字化背景下外语数字化学习资源视觉表征及可视化呈现的设计策略研究》重庆市教育科学"十四五"规划课题年度规划项目，项目编号：K23YG2200385

《基于语料库数据驱动模式的日语近义词研究》重庆对外经贸学院2023—2024年度科学研究项目，项目编号：KYSK202323

吉林大学出版社

·长春·

图书在版编目（CIP）数据

日语教学实践与创新研究/魏海燕，王骏琳著.
长春：吉林大学出版社，2024.5. -- ISBN 978-7-5768-
3284-6

Ⅰ. H369.3

中国国家版本馆 CIP 数据核字第 2024NJ9080 号

书　　名	日语教学实践与创新研究
	RIYU JIAOXUE SHIJIAN YU CHUANGXIN YANJIU
作　　者	魏海燕　王骏琳　著
策划编辑	殷丽爽
责任编辑	殷丽爽
责任校对	李适存
装帧设计	守正文化
出版发行	吉林大学出版社
社　　址	长春市人民大街 4059 号
邮政编码	130021
发行电话	0431-89580036/58
网　　址	http://www.jlup.com.cn
电子邮箱	jldxcbs@sina.com
印　　刷	天津和萱印刷有限公司
开　　本	787mm×1092mm　1/16
印　　张	11
字　　数	200 千字
版　　次	2025 年 1 月　第 1 版
印　　次	2025 年 1 月　第 1 次
书　　号	ISBN 978-7-5768-3284-6
定　　价	72.00 元

版权所有　　翻印必究

前　言

　　日语教学是我国高等教育外语教学的重要组成部分之一。随着时间的推移，我国改革开放的不断深入，这使得外资引进的步伐不断加快，日资企业大批涌入我国。在2020年举办的中日经济合作研讨会中，政商学界代表达成了共识，一致认为中日两国在以下四个领域的经济合作应该有所加强，即公共卫生领域、医疗康养领域、服务贸易领域、电子商务领域等。在未来，中日两国会持续深化经济领域的交流与合作，这就增长了对具备相关领域知识的复合型日语人才的需求。除此之外，在高考中，用日语代替英语参加考试的人数也出现了增长的趋势，这就导致综合性高校日语专业的学生人数也随之出现了增长，进而导致毕业生人数增加、就业竞争加剧。因此，在教育领域中，对日语专业的人才培养质量提出了更高的要求。

　　进入21世纪以来，高校教育进行了一系列的改革，内容涉及教学大纲、教学模式、教材、网络教学平台、教学评估和师资队伍等诸多方面。在当前教育改革向纵深方向发展的背景下，对人才的要求也不断提高，社会更加需要综合型的复合人才，因此对于日语教育来说，除了要培养学生日语听、说、读、写、译的基本能力，还要全面提升学生的综合素养和行业技能。在教育信息化2.0时代背景下，外语教学模式、教学手段、教学内容等都发生了很大的变化。为解决日语教学中存在的问题，适应我国高等教育发展的新形势，笔者总结近年来日语教学改革的经验，撰写了本书。

　　本书第一章为日语教学概述，分别介绍了日语教学的主体解读、日语教学的原则阐释、日语教学的方法论述，以及日语教学与语料库解读四个方面的内容；第二章为日语教学的理论与应用，分别介绍了认知语言学理论与应用、认知负荷理论与应用、建构主义理论与应用、元认知理论与应用四个方面的内容；第三章为日语多维教学体系构建，分别介绍了多元化教学目标、立体化教材与数字教学资源建设、多样化教学内容和多维化教学评价体系四个方面的内容；第四章为日语教学方式与内容创新，分别介绍了日语教学方式创新和日语教学内容创新两个方面的内容；第五章为日语教学实践创新，分别介绍了"图示理论＋合作学习法"教学思维在日语教学中的尝试、OBE 教育理念在日语教学中的应用、Seminar 教学法在日语教学中的落实、体验式教学模式在日语教学中的开展和"Can-do"评价体系在日语教学中的实践五个方面的内容。

在撰写本书的过程中，笔者得到了许多专家学者的帮助和指导，参考了大量的学术文献，在此表示真诚的感谢！由于笔者水平有限，加之时间仓促，本书难免存在一些疏漏，在此，恳请同行专家和读者朋友批评指正。

魏海燕　王骏琳

2023 年 6 月

目　　录

第一章　日语教学概述 … 1
第一节　日语教学的主体解读 … 1
第二节　日语教学的原则阐释 … 13
第三节　日语教学的方法论述 … 20
第四节　日语教学与语料库解读 … 28

第二章　日语教学的理论与应用 … 36
第一节　认知语言学理论与应用 … 36
第二节　认知负荷理论与应用 … 42
第三节　建构主义理论与应用 … 49
第四节　元认知理论与应用 … 57

第三章　日语多维教学体系构建 … 66
第一节　多元化教学目标 … 66
第二节　立体化教材与数字教学资源建设 … 76
第三节　多样化教学内容 … 87
第四节　多维化教学评价体系 … 104

第四章　日语教学方式与内容创新 … 109
第一节　日语教学方式创新 … 109
第二节　日语教学内容创新 … 130

第五章　日语教学实践创新 … 145
第一节　"图示理论＋合作学习法"教学思维在日语教学中的尝试 … 145

第二节　OBE教育理念在日语教学中的应用……………………………148

第三节　Seminar教学法在日语教学中的落实……………………………152

第四节　体验式教学模式在日语教学中的开展……………………………162

第五节　"Can-do"评价体系在日语教学中的实践………………………165

参 考 文 献……………………………………………………………168

第一章　日语教学概述

在当今经济全球化的时代背景下，国际交流与合作、各国贸易往来持续增多，亟须大量精通外语和行业知识的复合型人才。日语作为除英语外第二大外语语种，在外语教育教学中占据举足轻重的地位。本章主要介绍日语教学，分别从日语教学的主体解读、日语教学的原则阐释、日语教学的方法论述、日语教学与语料库解读四个方面进行介绍。

第一节　日语教学的主体解读

一、教学主体理论

教学主体问题实质上是对教学过程中教师与学生关系的认识问题，也就是教师和学生在教学过程中各处于什么样的地位，教师的教和学生的学是何种关系的问题。教师和学生是教育活动中最基本的主体和参与者，是教学活动最直接的体现者。换句话说，教育活动首先是教师和学生的活动，教育活动中的目标与各种规范等主观因素都与教师和学生有着十分密切的关系。因此，对教师和学生的研究是谈日语教育的一个首要问题。

（一）早期的"学生中心论"和"教师中心论"

针对教师的教和学生的学之间的关系，学术界最早出现的观点是两种完全不同的理论——"学生中心论"和"教师中心论"。其中，"学生中心论"的代表人物是卢梭、杜威等，该观点认为学生的成长与发展是一个自然而然的过程，教师对于这一过程不能完全主宰和掌控，主张在教育过程中教师应尽量减少干预，放手让学生去经历或体验，使学生在个体经验中获得成长。"教师中心论"以赫尔巴特等为代表，这种观点认为学生的个体发展受到教师的教学形式、教学方法的影响，因此十分重视教师的权威，强调发挥教师在教学过程中的绝对支配作用。这两种观点从理论上分析都有偏颇之处，前者过分强调内因的作用，倾向于人本主义理论，忽视了教师等外部因素对学生个体发展的推动作用；后者则过分强调外因的推动作用，倾向于行为主义理论，认为学生的个体发展完全取决于教师的引导和教育。这两种观点各执一端，但是其都没有站在辩证的立场上来对师生在教学活动中的地位问题和关系问题进行合理和科学的解释，这使得其在指导教学实践方面存在一定的局限性。

苏联教育理论学术界在20世纪30年代主要就"学生中心论"和"教师中心论"这两种理论进行了研究和分析，在此基础上对教学过程中的师生关系进行了新的探索与研究，由此提出"主导主体说"。这种学说在肯定教师在教学过程中的主导作用的同时，指出要发挥学生的自觉性、主动性和积极性，较为合理地反映了教学过程中教师和学生的辩证关系[①]。

（二）主导主体说

伴随着我国政治、经济、社会的不断进步，我国一些教育理论工作者对以往的教学制度进行了抨击，反对过去那种以教为中心、教师讲学生听的做法，希望推动实现教学重心由"教"转向"学"。20世纪80年代，我国一些学者认为在教学的过程中应该坚持教师的主导作用，实现"以学为主体"与"以教为主导"的结合，同时确立学生的主体地位，认为教师的主导作用必须与学生的主体地位相一致，形成了被我国教育界广泛认可的"主导主体说"[②]。

"主导主体说"认识到教学活动有别于一般认识活动的特殊性。教学活动主要是一种认识活动，但是这种认识活动的主体明显区别于一般认识主体。此外，学生对于客观世界的认识并非直接的，也就是说，学生主要通过课程与教材来实现对客观世界的认识，并非直接认识客观事物，这就使得教学认识的客体具有特殊性。在这一过程中，教师起着主导作用，引导学生认识客体。"主导主体说"体现了教师和学生所从事活动的不同性质。该观点认为教师教授学生对客观世界进行认识的活动是一种实践活动；学生的学习活动主要是一种认识活动，即在教师引导下认识世界的活动。"主导主体说"还体现了教师的教授活动和学生的学习活动在层次上的差异。学生学习活动的基本内容是学习和掌握人类千百年来积累的经验，并将这些经验转化为个人的知识结构，同时发展自身，属于第一层次

---

① 李森.现代教学论纲要[M].北京：人民教育出版社，2005.
② 王策三.论教师的主导作用和学生的主体地位[J].北京师范大学学报，1983（6）：70-76.

的活动。教师的教授活动要求教师控制和引导学生的学习活动，使学生迅速、高效地进行学习，使学生从无知到有知，从缺乏能力到具备一定的能力[①]。

总体来看，"主导主体说"对于教学过程中教与学的辩证关系可以较为准确地反映出来。在教学活动中，教师还扮演着组织者的角色和领导者的角色，主要指导学生的学习，并且检查和保证学生的学习质量，以此实现对学生的引导，引导学生朝着社会期望的方向发展。在教学活动中，学生也是主体之一，作为具备主观能动性的人，学生可以对客观事物进行能动反映。此外，学生的学习效果还会受到学习动机、学习兴趣、学生意志等方面的直接影响。

因此，在教学中必须发挥学生的主体作用。教师的主导作用和学生的主体作用是相互促进的，教师主导作用的发挥依赖于学生主体作用的发挥，学生主体作用的发挥依赖于教师主导作用的发挥。在教育过程中，以教师为主导和以学生为主体这二者并非对立的关系，也不是矛盾的关系，这二者之间互为条件，相互影响、相互促进，是一种相互依存的关系。如果我们否定学生是认识和实践的主体这一观点，那么就相当于否定了教学目的本身；如果我们忽视教师的主导作用，那么就很难保证进行有效的教学。在20世纪80年代中后期出现了很多其他的观点，如"师生双主体说""学生单主体说""否定主体说""教师单主体说""复合主体说"等，但是"主导主体说"依然受到我国教育理论界和教学一线教师的认可。

（三）"以学生为主体、以教师为主导"的教学理论

近年来，越来越多的日语教育界人士开始重视和赞同以学生为主体、以教师为主导的教学理论，在教学过程中注重学生的积极参与和广泛交流。

在教学过程中，以学生为主体、以教师为主导具体表现在以下四个方面。第一，教师要营造宽松、和谐、活泼的学习氛围，使学生身心愉悦，处于积极向上的状态。第二，在教学活动中，教师作为活动的组织者和策划者，在遵循日语教学规律的基础上，从二语习得规律出发，充分调动学生学习日语的积极性和主动性，让学生拥有更多可以进行语言实践的机会，实现对学生全面、系统、立体的训练。第三，教师作为课堂教学活动的设计者，应遵循感知和理解语言材料—认识和巩固语言材料—应用语言材料—活用和掌握语言材料—以外语为工具进行交际和实际运用这一完整的教学过程，并根据不同的教学内容和教学对象，在教学过程中精心设计多样化的教学活动。第四，教师还应是教学全过程的指导者，通

---
① 李森.现代教学论纲要[M].北京：人民教育出版社，2005.

过任务驱动等教学方法引导学生形成主体参与意识，启发学生思考，引导学生不断地运用知识。

总而言之，在日语的教学过程中形成良性循环是至关重要的。在日语教学中，教师应该秉持对学生尊重的态度，为学生的学习创造一个有利的环境，在对学生现有水平有所掌握的基础上，积极为学生创设符合学生当前智力水平的环境，促进学生的成长。此外，教师应该对学生的个人爱好、经验经历及学习方法等予以重视和尊重，调动学生的积极性和主动性，发挥学生在教学过程中的主体作用，并且倡导师生共同决定教学内容和形式。在日语教学中，激发学生的学习兴趣是首要要务，教师应该积极引导学生形成参与意识和参与行为，逐步形成"以教为主导、以学为主体"的新外语教学模式。

二、教师

外语教学理论尤其是"以学生为主体、以教师为主导"教学理论的发展使日语教师不断意识到，教师不应只是传统意义上的知识传授者和课堂活动控制者，应在教学全过程中承担多元化的角色。教师应付出更多的努力，全方位提升自己在专业结构、综合素养等方面的能力，去迎接新时代背景下日语教学的挑战。

（一）日语教师的角色

教育信息化及新文科建设等促进了外语教学领域的变革，同时给高校日语教师发展带来了一系列挑战。高校日语教师要适应新时代背景下的外语教育发展，积极转变自身的认识，对于传统的职业生存、责任及角色等方面的认识要及时更新并且适时做出调整。此外，教师对于自身的角色也应该及时进行调整，从原本的知识的传授者及教学活动的控制者转变为教学资源的开发者和整合者、课堂教学的组织者、学习活动的引导者、学习过程的评价者、学生健全人格和道德素养的培养者、终身学习者和教学研究者，更好地将信息化教学整合和思政育人等融会贯通于课程教学中，实现教学模式的根本变革。

1. 教学资源的开发者和整合者

在信息化时代，教育也呈现出信息化的发展趋势，计算机及互联网等为教育领域带来了非常多的数字资源，并且为学习者提供了图文并茂、视听融合的感官体验，极大地拓宽了教学内容的呈现方式，取代了传统的"黑板＋粉笔"教学模式。在信息化时代，学生可以接收到很多生动和立体的教学内容，它们通过视频、图片、动画、音频等方式展现在学习者面前。不仅如此，教学资源还可以被分享，不论是教师还是学生都可以在任何时间、任何地点开展日语的学习活动，突破了时空的局限性。就目前的外语教学资源供给来说，主要有线上共享资源（网络公开）、校本资源（学校自主开发）、商业化资源（企业开发）三种渠道。面对众多教育资源，教师应该对这些资源进行整合和筛选，选择与本课程相关的教学资源。在开发和整合教学资源时，应该以学生为中心，秉承以学生为主的教学理念，因此所选择的学习材料应该与学生的实际学习情况相符，让学生在使用这些教学资料的时候可以发挥主动性，让他们成为学习过程中的主动探究者，从而实现高效学习的目标。

教师可以在各种网络平台上搜索与单元主题相关的背景知识和学习材料。在对教学资源进行选择的时候，教师应该立足于学生的认知水平及日语学习基础，使得所选择的教学内容与学生的实际水平相符，使教学内容本身也更加具有价值和意义；此外还应该兼顾趣味性，只有这样才能有效激发学生的学习兴趣和学习积极性。教师可以为学生推荐高质量的日语学习网站、日语学习 App 及相关的公众号。此外，教师也可以对各种学习资料进行开发，积极参与精品课程的开发与建设，参与高校的校本教材、实践项目、实训手册的开发与建设，从而满足不同学习水平的学生的需求，帮助他们实现自主学习。

2. 课堂教学的组织者

日语教师除了要参与教学资源的开发和整合，还要设计、组织日常的课堂教学活动，肩负起组织和引导课堂教学的职责。

在"以生为本"的教育观中，教师作为课堂教学的"总指挥"要有高度的责任感，要熟悉学生的学情（日语的学习动机、学习能力、已有的日语水平等），深入研究本课程的教学目标，根据目标制定相应的日语教学大纲和教案等，确定每章节的学习目标、教学重难点、教学环节、课后作业等。在课堂中，教师应该对学生进行积极的引导，让学生尽快进入角色，以此调动学生的积极性，让学生成为整个日语学习过程中的主体。教师应该从学生的思维视角出发来对教学环节进行设计，确保所提出的问题可以实现对学生的引导，引导学生在整个探究、思考、认识的过程中主动思考、主动探索，保持积极主动的学习态度。此外，教师应合理安排教学进度，把握学生的学习进度，并且根据不同的学习情况适时进行调整，及时发现问题、解决问题，以此实现良好的课堂教学。

3. 学习活动的引导者

学生是学习活动中的主体，而教师则是学习活动中的指导者与引导者。因此，教师应该尊重学生的主体地位，引导他们发掘自己的潜力，鼓励他们积极思考，让学生掌握课堂的主动权，这样有利于调动学生的积极性和主动性，有利于实现学生主体地位的有效发挥。

教师在开展学习活动时，应该引导学生积极参与，在学生积极参与的过程中，培养学生创造性地解决问题的能力。教师在教学过程中，可以根据学生的具体表现来选择教学方式，如果是小问题，可以让学生自己去探索和解决；如果是大的问题，教师可以积极引导学生，为学生的互动与交流创造条件，让学生在此过程中解决问题。引导式的学习活动不仅让学生积累了知识，还培养了他们独立思考、解决问题、相互协作等能力。

在这种教与学的过程中，学生以自己已有的知识为基础，通过主动建构来获取新知识。教师则扮演学习活动引导者的角色，确保学生在教学过程中的主体地位，并设法使学生积极发挥自己的潜能。

4. 学习过程的评价者

在传统的课堂中，教师往往更多地关注学生的考试成绩，即进行终结性评价。这种单一的终结性评价方式不利于观察学生在学习过程中的表现，无法对学生的学习过程进行有效的监督、跟踪和引导，不利于科学地评价学生的学习态度和学习效果，也难以培养学生的自主学习能力，甚至出现学生考前临时突击的现象。如今，教师在学习过程中充当评价者，进行学习过程的及时反馈和有效评价，关注教学过程中学生智能发展的过程性结果，及时地对学生的学习情况作出判断，肯定好的方面，同时及时指出问题所在，这有利于提高学生的自主学习能力，实现自主学习。

5. 学生健全人格和道德素养的培养者

要想彻底掌握日语这门语言，首先应该在语言输入上把好关，只有语言输入地道，才能进行地道的语言输出，因此应该对日本的文化、历史、国情有所了解。由于缺乏社会经验，缺乏辨别是非的能力，部分学生容易产生崇洋媚外的思想。教师应正向引导学生辩证看待社会问题，正确运用马克思主义来分析中日的差异，帮助学生理解文化差异，树立文化自信，从而形成正确的世界观、人生观、价值观。

进入新时代，高校大力加强课程思政建设，将思想政治教育融入课程。日语教师应在厘清学科体系的基础之上，即设定知识目标与能力目标的基础上，找准切入口，合理地利用教材，努力挖掘蕴含于课程中的显性及隐性的思想政治教育资源，并将其潜移默化地渗透、融合在教学中，实现专业知识传授与育人目标的有机结合。教师应该认真担负起培养全面发展、德才兼备的社会主义合格建设者和可靠的接班人的重要责任。

此外，在竞争激烈的现代社会中，大学生毕业后面临越发严峻的就业形势。作为日语教师应该承担起帮助学生疏导压力，培养其抗压能力、解决问题能力的责任，引导学生调整好心态、从容面对各种挑战。

6. 终身学习者和教学研究者

日语作为一门语言学科，其涵盖的内容纷繁复杂，且语言是文化的折射，学习语言的同时也必须了解日本的社会文化、日本人的思维方式等。同时语言学科是一个动态发展的学科，要做到对日语语言及其文化深入研究、科学理解和全面把握是一个持续深度学习的过程。

我国的日语专业教师大多拥有硕士或博士学位，研究方向多为日语语言学、日语翻译、日本文学、日本文化，存在着教育学、教学心理学等教育教学理论水平不高的情况。因此，日语教师应在漫长的教学实践中不断学习和反思来提升教育素养，并强化理论武装。

此外，随着"互联网+"时代的到来，教育教学与现代信息技术实现了更加深入的融合与渗透，这使得教育的发展出现了新的机遇，也面临新的挑战。基于此，教师在此背景下应该具备一定的信息技术运用能力，借助信息技术来开展教学活动和科研工作；必须树立终身学习理念，不断更新知识。

（二）日语教师的专业素养及发展

如上，我国的日语教师扮演着多元化的角色。日语教师要想更好地履行自己所肩负的多重职责，需要具备良好的职业道德修养、较为完善的知识结构体系及较高的能力素养。

1. 职业道德修养

所谓的师德就是指教师的职业道德，主要指的是在从事教育工作的时候，教师应该遵守道德规范。师德作为一种行为准则，能够调节师生之间的关系、教师之间的关系及教师与家长之间的关系，也会对教师的活动进行调节和影响。师德是教师任职的基本条件，也是先决条件。

随着社会的不断发展，新时代高校教师的职业行为也需要与时俱进。作为教育事业的重要一环，高校教师的职业行为对于学生的成长和社会的发展起着重要的作用。我国的日语教师应当热爱祖国、胸怀坚定的理想信念，具有科学正确的世界观、人生观、价值观；热爱人民教育事业、关心热爱学生；以身作则，为人师表，严格要求自己的一言一行，潜移默化地影响和感染学生；严谨治学，积极创新；等等。

由于日语学科的专业特点，决定了日语教师除了具备上述教师职业道德，还需要具有良好的史德，保持正确的历史观，对中日之间的历史、现实和未来有着正确的认识和判断。只有这样，教师才能引导学生客观地看待历史，正确地认识中日关系。

2. 知识结构

传授日语知识、培养学生的语言运用能力是日语教师所肩负的职责。日语教师必须具备扎实且全面的日语专业知识、日语教育科学知识及通识性知识。

（1）日语专业知识

日语教学涉及日语本体知识（语音、词汇、语法、语篇等）和日本社会文化知识，以及日本人的思维习惯、行为方式等。这就要求日语教师掌握扎实的日语语音、词汇、语法、语篇等语言知识，掌握语言研究的基础理论和方法；具备较高水平的日语听、说、读、写、译基本功；掌握翻译学的基本理论和方法，能够熟练进行日汉互译；深度了解日本文学发展历史，熟悉日本主流作家及其作品，掌握文学作品分析的基本方法和策略；同时对日本政治、经济、社会、历史、风土人情等内容有所涉猎，了解中日文化的发展脉络和异同；具有文化理解、文化比较和文化沟通的知识储备，能有效进行跨文化交际和文化传播等。

（2）日语教育科学知识

精深广博的日语专业知识是顺利完成日语教学工作的坚实基础和必要条件，但是，仅拥有这些还不能算是或者说很难成为一名优秀的日语教师。想要有效地向学生传授日语知识，挖掘学生的潜力，完善学生的人格，教师还必须掌握适合日语教学的教育科学知识。日语专业知识是教学的基本内容，日语教育科学知识是开展教学的工具，只有掌握了教学工具才可能高效地教授教学内容。

一般来说，日语教师的教育科学知识应该包含三个组成部分，即关于学生身心发展规律的知识、学生接受和掌握知识的特点、教学的基本方法和技能。学生在认知方式、智力发育、交流与合作等方面都存在着该年龄段独有的特点。教师在日常教学及与学生的交流过程中需要注意这些内容，选择合适的教学方法和交流技巧，尊重学生的学习规律。教师应坚决避免仅凭自己的主观意愿，无视学生客观学习规律的情况的发生。

（3）通识性知识

日语教师除钻研日语专业知识，学习必要的教育科学知识外，还应具备广博的通识性知识。一方面，随着"互联网+"时代的到来，知识获取的便捷性、广泛性、互动性得到了增强，学生获取的信息和知识的深度、广度都得到了拓宽。学生通过各种渠道获得的信息也必将反映到日语课堂上，日语教师必须对各学科领域的知识有所了解和涉猎才能够为学生答疑解惑。另一方面，在新文科建设背景下，对日语教学也提出了跨学科、综合性、融通性的要求。日语教师要更加关注学科知识的交叉与深度融合，进行跨学科交叉融合的课程设置，进行多学科融合培养。这就要求日语教师具备多学科知识储备，如计算机知识、地理学科知识、管理学科知识、商务知识等。此外教师还应具备一定的音乐、舞蹈、绘画等艺术才能，这有助于第二课堂、汇报演出等课外校园文化活动的开展。因此，成长为文化知识广博、兴趣爱好广泛的教师是新时代教师的必然发展趋势。

3.能力结构

教师除了具备良好的职业道德修养和扎实的专业结构知识，还需要有与此相匹配的能力素养。从我国日语教师的工作实际来看，教师至少应该具备日语教学能力、科学研究能力、信息化教学能力这三种能力。

（1）日语教学能力

教师的教学能力是教师完成教学任务的必备要求。一名合格的日语教师，应该具备充分理解和运用教材的能力、具备良好的语言表达能力，能在教学过程中充分观察、了解学生，组织、引导、管理、调控教学活动。

①具备理解和运用教材的能力。

日语教材是依据教育部颁布的日语学科课程标准，结合日语学科的课程结构和学生的认知特点编写而成的。教师在实施教学之前必须对作为课堂主要学习材料的教材进行深入的分析和理解。教师应该明白教材的编写理念是什么，明确教材的编排体系和培养目标，把握教材是如何反映课程标准的内容和要求的，还需要根据学生的认知特点和教材的逻辑结构，明确教材的重点和难点。此外，教师还应该根据学生的具体学习情况，采用适当的教学方法和手段，控制对教材内容的讲解程度，做到详略得当，避免"眉毛胡子一把抓"；合理安排讲解的顺序，关注新旧知识点的衔接。总之，优秀的教师应该学会"用教材教"，而不是"教教材"。

②具备良好的语言表达能力。

语言是教师在授课过程中使用的最主要的媒介，简明准确、生动活泼，具有幽默感和感染力的教学语言能吸引学生注意，帮助学生更深入地理解知识点。教师的语言表达也具有诱导作用，对学生的学习心理和思维活动有直接影响，能吸引学生的注意力，激发学生的求知欲，引导学生积极主动地进行思维活动。同时，教师的语言表达也有强化和内化作用。教师通过语言和表情动作将自己的思想感情、知识和信念向外表现，学生根据接收到的语言等外化内容，不断内化为自己的知识储备。

（2）科学研究能力

对于科学研究，不仅是教育理论工作者的任务，也是教师的任务，教师应该具备一定的科学研究能力。日语教师在教学实践过程中，应该养成善于思考、勤于总结、勇于钻研探究的科研素养，将教学实践中积累的经验、体验，或是在教学实践中发现的问题等进行深度梳理，并上升到理论的高度，为我国日语教学理论的发展和日语教学法的更新等做出新的尝试。教师科学研究能力的提升可以帮助教师更好地组织和开展教学工作，通过参与科研项目，教师能够深入了解日语学科教学的现状、前沿问题等，更加有针对性地去探索有效的教学方法和手段，提高教学质量。教师科学研究能力的提升还可以推动教育创新。教师通过科学研究活动可以发现教育教学中存在的问题，并提出相应的解决方案。其科学研究成果可以为教育改革和教学改进提供理论和实践依据。

为提高自身的科学研究能力，日语教师应持续不断地学习新的教育教学理论和方法，不断更新自己的知识结构，提高学科素养；同时积极参与各种科研活动，如参与线上线下学术会议交流，参加学科课题研究，参与校级、省市级、国家级科研项目；等等。

（3）信息化教学能力

教师应该具备信息化教学能力，这主要指的是依托现代教学理论，教师在信息技术的支持下，利用教育技术手段进行教学。

在现代教育中，教师必须具有信息化教学能力，具备信息化教学素养。教师在教学的过程中可以借助信息技术为学生创建有利的教学环境，为学生量身定制与日语学科相适应的信息化教案和课堂实施方案，实现对各种教育教学资源的整合与利用，并且在对教学中的重点和难点进行教学的时候借助教育资源进行创新教学，实现突破，通过创新的教学方式来激发学生的学习兴趣，充分发挥学生的主体性和积极性。与此同时，教师要引导学生借助现代信息技术来实现对资源的获取，这有利于学生进行自主学习。

三、学生

学生是教学活动的主体，同时也是教师教学实践的对象。日语教师要完成自己承担的日语教学任务，充分发挥学生的主体作用，就要对自己所教授的学生有充分的了解，同时秉持科学的态度，形成科学的学生观。

教师的学生观指的是教师在学生的特征和培养方向方面所秉持的认识和根本态度。它指导教师在教育方面的行为，影响教师的工作态度，决定教师的工作方法，支配教师的工作成果，对师生之间的互动关系具有关键性的影响。作为一名日语教师应该积极了解、研究学生的具体情况和个性特征，科学、客观地看待自己的学生。

（一）学生的特点

1. 学生正处在身心发展的重要阶段

学生正处于身心发展的重要阶段，他们的心理尚未完全成熟，在认知方式、情感表达等方面体现出与成人（特指社会人）不同的特点。因此，日语教师在教学过程中，应该关注学生的这些特点，并加以充分利用。因为学生不同于成人，教师在教学中不能完全采用"成人模式"，也不能假设学生具备成人一样的学习能力和自我管控能力，更不能完全按照成人的标准去评价和要求学生。一些教师抱怨自己的学生不听话，不能按照要求完成学习任务，不够刻苦，等等。即使这些现象确实存在，教师也应该反省自己的要求是否符合学生的实际能力，自己是否能够更加宽容地对待学生的"不成熟"和"不懂事"。

正是因为学生的身心特征都处于变化之中，所以他们的发展具有极大的可能性和可塑性。这一年龄段的学生往往对外界充满了好奇，特别是对自己感兴趣的东西，他们会抱着极大的热情主动去了解、学习、研究。日语教师应该抓住学生的这一特点，充分利用学生的兴趣爱好，激发学生对日语的好奇心，调动他们学习日语的积极性和主动性。"授人以鱼不如授人以渔"，教师还应在教学过程中潜移默化地引导学生掌握日语学习的方法，帮助学生养成良好的学习习惯。

2. 学生具备个体独立性

学生是完整的人，作为独立的社会个体，具有生理、心理、社会、价值、信仰等多层次、多方面的需求。教师在教学活动中，要将学生作为完整的个体来看待，要关注他们各方面的需求，而不能仅仅注重其中某些方面。有的教师过分注重学生的成绩，忽视学生的兴趣爱好和能力拓展。有的教师不顾学生的实际情况，为了完成教学计划，布置过多的作业。有的教师未关注学生的不良情绪变化，未及时引导学生。这些做法都是教师没有把学生当作一个完整、独立的个体来看待的表现。学生的兴趣爱好是学生个人发展中必不可少的，学生应该有发表自己意见的权利，学生的身体状况、精神状态应该得到及时有效的关注。学生的发展应该是全方位的，教师对学生的教育和培养也应该是多方面的。

3. 学生之间存在个体差异性

不同的学生可能在兴趣、爱好、志向等方面有很多共同之处。但是受到先天条件、后天教育等因素的影响，学生之间总是存在着这样那样的差异。这就要求教师遵循学生的个性特征，因材施教。

虽然我国的日语教育普遍采用班级授课制，每个班的学生人数较多，要实现对每个学生的个别指导并非易事，但是在满足大多数学生的共同学习要求的基础上，对特别需要教师引导和帮助的学生给予关注是可以实现的。

（二）日语教师学生观的更新

所谓日语教师的学生观，是对学习日语的学生的本质属性及其在教育过程中所处位置的看法。受不同时期教育教学理论和实践的影响，我国日语教师所持有的学生观也处在不断变化、发展之中。受我国"尊师重道"等传统教育思想的影响，"教师布置的任务一定要完成"等观点曾经被广泛接受，学生的独立性、自主性没有得到充分的重视和调动，忽视了学生的主体性。同时，受到"知识中心主义"和"应试思想"的影响，有些教师认为"考试成绩好就是好学生"。受以上思想的影响，教师对学生能力的培养和全面发展的关注度不够。

进行课程改革以后，日语教师的学生观发生了明显的变化，主要体现为开始关注如何发挥学生在教学中的主体地位，认为学生是课堂教学不可分割的一部分，尊重学生作为生命个体的尊严，追求学生的全面发展。但是，观念的改变并非一朝一夕能够实现的，需要国家教育行政机构、各级教育实施机构及教师自身的共同努力。如何看待学生直接影响教师教学活动的设计和实施，也与日语学科教育目标的实现息息相关。可以说，没有教师学生观的根本改变，课程改革的实施效果必将受到影响，课程改革教学理念革新的尝试也难以成功。

要发挥学生的主体作用，需要了解学生的学习需求、学习风格和语言学习观。

教师可以通过观察、问卷等各种方式了解学生的学习需求、学习风格及语言学习观等。学习需求是指学生的学习目的、学习目标等。学习风格主要指的是在学习的过程中，学生所采用的方式或者偏爱的方式。换言之，在对学习任务进行研究的时候，学生所表现的蕴含着个人特点的学习方式。语言学习观是学生对自己所学语言及语言学习过程所持有的看法和信念。总之，在新时代背景下，日语教师应该及时更新自己的教学观念，在面对学生的时候，应该采用正确的态度，用发展性的视角去关注学生；在教育学生的时候要因材施教，用全新的教育理念来教育学生；在与学生相处的时候，要保持平等和友好，实现师生的共同进步与成长。

第二节 日语教学的原则阐释

一、交际性原则与实用性原则

（一）交际性原则

在日语的语音教学中，交际性原则指将语音教学融入特定的交际语境中。这样可以帮助学生理解语音所具有的交际含义，并让学生在交际过程中运用所学的语音知识。在特定的交际语境中，学生可以掌握正确的语调、节奏、重音等，借此可以对自身的交际意图进行明确表达。交际性原则注重培养学生的交际能力。针对外语教学目的，我国的教育大纲有明确规定，外语教学的主要目的在于培养学生的跨文化交际能力。日本国际交流基金会在2010年基于任务（TASK）外语教学理念提出了新的教学模式——"can-do"教学模式，要求在日语学习中注重日语交流。"can-do"，即"能够做到"。也就是说，将学生可以通过使用日语做一些事设定为教学目标。例如，初级日语会话课程把教学目标设定为掌握购物、点餐、酒店预约等具体场景下的实用沟通与交流技能，高年级的日语会话课程则把教学目标设定为能针对某些社会现状进行批判性思辨的论述，等等。

学生在口语交际的过程中，可以对所学的日语语法及相关的词汇知识进行练习和使用。学生进行外语交际的过程是一个展示自我价值的过程，也是一个彰显文化自信的过程。学生一方面需要具备专业的知识，另一方面还应该具备人际交往的能力，掌握展现自我的方法。同时，学生也应该具有思辨能力，拥有批判性思维和创造性的观点。鉴于此，在日语课堂教学中培养学生的口语交际能力至关重要，交际性原则也是日语教学基本原则中的重要一环。

（二）实用性原则

在日语教学中应该秉承实用性的原则，只有学生认为有用，他们才能有动力去学习，才能实现有效的日语教学。面对日语初学者，教师可以教授学生一些基本的文化用语，也可以针对特定情境的简单会话进行授课，主要是让初学者掌握基本的会话用语，保证初学者可以与日本人进行简单的日语交流。以上所选择的会话并非随意选择的，是教师经过长时间的思考之后设定的，学生在长期的接触和运用中会对日语的日常用语有所掌握，在潜移默化中学会使用基本用语，可以进行简单的情境对话。对于学生而言，他们很愿意掌握这种即时能用的句子。

有些学生缺乏对日语的学习兴趣，他们认为日语与他们的日常生活有很大的距离，并且并不实用。对此，教师为了拉近日语与学生生活之间的距离，可以教授给学生一些日语歌曲，在选择歌曲的时候，教师应该选择一些具有代表性的日语流行歌曲或者是日本民谣。学生在与朋友相聚的时候，如果用日语演唱同一首歌曲，会带给人新鲜感，留下深刻的印象，这就使得在日语教学中，学生会更加有兴趣进行日语学习，从而提高学生的参与度、接受度、传唱度。

二、拓展性原则与启发性原则

（一）拓展性原则

在日语教学中，拓宽性原则体现在教师布置课后作业方面。布置日语作业很有意义：一是有利于学生巩固所学习的基本语言知识；二是在探究的过程中，可以让学生进一步强化对语言的综合运用；三是有利于学生的日语思维能力实现全面提升，有利于学生加强与他人之间的合作；四是有利于提高学生解决实际问题的能力。教师应根据学生所学到的文本内容及主题来对作业进行设计，保证学生在作业中可以实现对文本主题的拓展，这体现了拓展性原则，有利于学生根据文本中存在的信息在真实的语言交际情境中进行语言表达和语言运用。

（二）启发性原则

所谓的启发主要指的是立足于学生的实际，教师应该采用各种方式来发挥学生的积极性和主动性，积极指导学生进行自主学习。启发式教学在当前得到了广泛的应用，要求教师从课堂教学的内容出发，根据学生的认知规律，以循序渐进的方式来帮助学生一步步思考问题，引导学生自己解决问题，以此为基础而展开教学。这种教学方法的关键在于设置问题情境。这种方式能有效调动学生的学习积极性和主动性，培养学生的思维能力和解决问题的能力。例如，在讲述与日本人初次见面的场景时，通过观看视频，引导学生留意日本有交换名片的礼仪。于是教师抛出问题让学生思考日本名片文化发达的原因，组织学生进行激烈的课堂讨论，从而得出日本人拥有千奇百怪的姓氏这一原因。此外，教师可以布置任务让学生在课后通过查阅资料等方式了解日本姓氏的由来、日本的主要姓氏等文化知识。

不仅如此，教师也应该对学生的问题意识进行培养，积极引导学生自己提出问题，然后让学生带着问题来探索问题解决的办法，提出具体的问题解决方案。问题意识是学生进行多层次思维活动的重要前提和基础，只有这样，学生才能在解决所面临问题的时候开展积极的文本探究活动。比如，在阅读文本之前，首先，教师可以创设一个情境，并要求学生以文本标题为依据，初步体验和感受文本的写作主题。其次，教师可以让学生结合文本的主题进行小组合作与讨论，使学生可以在小组中提出对该主题的疑问与想法，并要求各个组的组长负责记录这些疑问和想法。最后，学生在阅读环节中可以带着自己所提出的问题并要求在文本中探寻答案，寻找相关的信息，并进一步通过小组合作的方式来解决自己提出的问题等。通过上述方式能够循序渐进地培养学生的思维能力和解决问题的能力。

三、适切性原则与侧重翻译原则

（一）适切性原则

教师应该准确把握不同教学方式的适用范围和条件，据此来选择和应用合适的教学方式，这就是适切性原则。适切性原则的合理运用，有利于教师在教学实践过程中遵循学生的学习规律，有利于对学生的学习状态进行全面的把握，这也是提高教学效率的重要方面。

在此，我们以日语泛读课程为例进行说明。首先，教师在选择日语泛读材料的时候应该坚持适切性原则。实际上，在教学实践中，有一部分教师对于教材中所提供的阅读材料完全接纳，并不会对这些日语阅读材料进行筛选，并且会按照教材中篇目的编排次序来对学生的阅读学习活动进行组织和安排。但是，在教材中有一些语篇的内容和学生的实际生活关联度很低，二者有着较远的距离，或者材料与当前的社会发展趋势并不符合，还有一些语篇内容存在难度太大或者难度太小的问题。对于这些材料，如果教师在教学的过程中直接使用，不进行选择，那么很容易出现因为不恰当的教学材料导致学生没有实现良好的阅读学习效果的情况。鉴于此，教师应该对材料进行选择，选择的时候需要考量材料对学生的吸引力、与学生的实际生活的关联性及文本材料本身的难度。此外，教师也应该立足于实际的日语教学情况来对阅读材料进行拓展和补充，积极引进课外的日语阅读材料。

其次，在设计日语泛读教学活动时，教师应确保坚持适切性原则。有一些教师在设计日语泛读教学活动时，完全遵从教学参考书中的意见与建议，这脱离了本班级的实际教学与学生的学习情况，会影响学生的课堂阅读效果。在这样的情况下，非常容易出现问题，如课堂活动难度较大、课堂活动综合性太强等。学生在此过程中会遇到很多问题和困难，不利于学生积极参与阅读活动，有些学生可能会感到迷茫和没有头绪，此时需要教师为学生提供更具体的指导和支持，否则可能会严重影响学生的学习效果，降低学习效率。因而，教师应该在学情分析的基础上，从学生的实际活动完成情况出发，根据学生的课堂表现来对课堂活动的难度及内容进行灵活调整。

（二）侧重翻译原则

侧重翻译原则是指在进行日语教学时一方面要加强语法学习，另一方面要适当侧重于翻译训练。侧重翻译原则贯穿从初级阶段开始的整个日语教学过程。尤其是在初、中级阶段，教师一方面要强化学生对词汇、句子的分析和理解，另一方面要注重训练学生对句子和篇章的翻译能力。教师在进行教学的时候，应该让学生掌握最基本的翻译原则及翻译技巧，在对课文进行讲授的时候，应该随时可以把课文翻译成中文，并且翻译要具有准确性和规范性。与此同时，教师也应该有针对性地让学生加强翻译训练，多安排一些日译中的练习，也可以让学生对教师未讲授的课文进行翻译，以此来检验学生在不查字典的情况下的日语解读能力。只有这样，学生才能在练习中掌握翻译的技巧，使自身的翻译能力得到提升；此外，还能有效提高自身的阅读速度。学生具有较强的翻译水平能为未来进行高阶阅读理解打下基础，也能为之后进行学术文献的查阅和利用打下基础。

四、研究型原则与体系化原则

（一）研究型原则

一般人们学习外语的方法就是大量背诵词汇、句型、课文、语法，主要是一种模仿学习,并非主动地学习。如果在高校中,学生通过这样的方式来学习日语,是没有办法来应对激烈的社会竞争的,很难在竞争中取得优势。

在研究型原则的要求下,日语教师要始终将培养学生具有永不满足、追求卓越的态度,培养学生发现问题、提出问题、解决问题的能力作为基本目标,引导学生在提出问题和解决问题的过程中,掌握科学的研究方法、获得丰富的学习体验,从而获取文化知识。例如,在学习数量词的读音时,面对学生在记忆读音上的困惑,教师可以引导学生关注"一匹(いっぴき)、二匹(にひき)、三匹(さんびき)、四匹(よんひき)、五匹(ごひき)、六匹(ろっぴき)、七匹(ななひき)、八匹(はっぴき)、九匹(きゅうひき)、十匹(じゅっぴき)的读音特点,找出有音便现象的一匹(いっぴき)、三匹(さんびき)、六匹(ろっぴき)、八匹(はっぴき)、十匹(じゅっぴき),从而引导学生深入思考,发现单词的促音变规则,从而将规律拓展至更多的词汇,提高识记单词的效率。

(二)体系化原则

在日语教学中坚持体系化原则体现在引导学生把分散在不同科目不同课程单元的知识点,按照一定的语言逻辑进行梳理总结,形成思维导图式。例如,很多学生对日语中存在的大量语法句型感到困惑,教师可以引导学生按照"表示因果关系的句型""表示条件假设的句型""表示让步关系的句型"等主题,对所学语法句型进行分类再学习,从而把零散的语法句型以思维导图的形式进行清晰地梳理。

五、综合性原则与类比性原则

(一)综合性原则

日语教学的综合性原则指的是重视语音、词汇、语法、句子、篇章的交互影响作用,以训练听、说、读、写、译五项基本功为目的进行综合教学。

1. 整句教学与单项训练相结合

日语教学是为了提高学生的语言应用能力,因此在教学中教师可以采用整句教学的方式。学生在掌握相关词汇或语法句型之后就能直接运用这种方式,有利于学生提高语感能力。具体来说,整句教学的顺序是先教授简单句子,然后再教授较为复杂的长难句,要将整句教学和单项训练相结合。

2. 进行综合训练

语言学习是一个完整的体系，需要在教学中进行综合训练，也就是将听、说、读、写、译的基本功训练贯穿至各门课程的教学活动中。

在日语教学中，教师始终把听、说、读、写、译能力的培养作为教学目标之一，通过开展多样化的教学活动训练学生的感觉器官，并且确保五项技能训练的数量、比例、难易程度互相匹配和协调。

（二）类比性原则

通过类比性原则，利用学生已有的知识结构进行日语教学会有事半功倍的效果。中国和日本有着两千多年的交流历史，从隋唐时期开始日本就积极吸收中国的优秀文化，这导致日语中有很多内容与汉语有类似之处或可对照之处。针对与中文有相似之处的知识点，学生应该充分利用母语的正迁移现象来提高学习效率。例如，日汉字的音读受到汉语的影响，对比汉语拼音和日语音读词汇，找出汉语发音在日语语音中的正迁移的规律，如汉字拼音中带有后鼻音韵母的字在日语音读中一般为长音等。通过对比的方式，发现规律，从而更加科学、高效率地记忆日语词汇。

六、以人为本原则与激发学习兴趣原则

（一）以人为本原则

现代教育的核心在于以人为本，这也是其思维原点，现代教育的逻辑核心在于不断提高人自身的水平。所谓的以人为本主要指的是在教育过程中，学生处于核心地位，要在教育本质要求的基础上调动学生的主观能动性，让学生的价值得到充分的发挥，将学生作为一切教育工作的出发点与落脚点，以学生的全面发展为教育的根本目的。并在教育过程中体现人文关怀和道德情感，让学生在充满关怀和爱的环境中成长。

（二）激发学习兴趣原则

要想调动学生的学习积极性，让学生主动学习，就需要对学生的学习兴趣进行培养，只有这样才能达到良好的学习效果和教学效果。对于一些学生而言，其对于学习日语的兴趣不高，并且害怕困难。在面对这些学生的时候，教师应该主动调动其学习积极性，帮助学生克服恐惧与困难。例如，一些学生认为日语学习比英语难得多。从初学阶段日语教师就应该打消学生的顾虑，可选取一些日汉字较多的简单易懂的篇章让学生阅读，通过较高的正确率来提高学生的信心。又如，部分学生对日本动漫感兴趣，却觉得日语语法的学习太过枯燥，产生厌学情绪。教师可以在课堂教学中适当播放与教学主题相关的动漫片段，或选取动漫中的台词作为语法解析中的例句展示。通过结合学生的兴趣点，不断激发其日语学习的积极性。

七、简约性原则与丰富性原则

（一）简约性原则

教育学认为，教学认识过程是一种简约的、经过提炼了的认识过程，简约性是教学认识过程的基本规律。所谓简约就是要做到将复杂性的思考进行简单的呈现。

具体来说，简约性原则体现在以下四个方面：一是教学目标简约，教学目标的设定应该明确具体、重点突出，每节课集中力量解决一至两个重难点知识。二是教学程序简约，教学程序简单明了，各教学环节衔接自然顺畅，过渡自然。三是教学指令简约，教师的教学指令清晰完整，学生明确每个时段自己要完成的任务，师生配合默契。四是课堂总结简约，教师要善于引导学生进行当日教学内容的总结归纳，帮助学生把书读"薄"。另外，简约性原则也是前面提到的激发学习兴趣原则的重要保障。

（二）丰富性原则

为了促进学生日语素养的提高，教师还应该坚持丰富性原则。下面以日语阅读为例进行说明。

第一，教师在为学生提供日语阅读素材时应该坚持丰富性的原则。在日语教学中，教师在选择日语阅读素材时要考虑学生的日语水平，并且丰富与拓展材料的题材和话题。为了让学生更加专注和积极参与课堂学习，教师可以采用引人入胜的方式，在素材选择上可以选择与当前社会的热点话题有关的素材，借此激发学生的学习兴趣，并促使他们进行深入的思考。

第二，教师在设计日语阅读教学活动时应该坚持丰富性的原则。教师在设计教学活动的时候，应该从学生的学情出发，在分析和研究的基础上，根据不同的文体信息来对不同内容和形式的日语阅读教学活动进行设计，如设计为迁移运用类、学习理解类、实践创新类等不同类别。

第三节　日语教学的方法论述

一、语法翻译法

语法翻译法是以翻译为基本手段，运用母语对日语的语法规则、语言结构等进行翻译、讲授的教学方法。外语学习方法起源于15—17世纪欧洲使用的拉丁语教学法，即"语法模仿法"，这也是语法翻译法的前身。19世纪语言学成为一门独立学科的重要标志就是历史比较语言学的建立。在语法翻译法中主要强调通过母语这一媒介来教授日语，在日语教学中，以翻译为基本手段，以语法学习为基本途径，强调语法教学的核心地位。语法翻译法的教学目标主要是培养学生的日语读写能力，通常采取教师讲授、学生接受的教学方式，师生间和学生间极少互动。语法翻译法对我国的外语教学有着深远影响。从清末民初直至20世纪70年代，语法翻译法在我国的外语教学活动中一直占据统治地位，至今仍有不少日语教师在沿用语法翻译法来开展教学活动。

（一）主要特点

在日语教学中，语法翻译法具有如下特点：
①教学活动以教师为中心，教师讲授语言知识，学生机械性的记忆和背诵。
②教师主要使用师生共通的语言——母语进行教学，很少使用日语进行教学。
③学习材料倾向于选择难度较大的文章。
④注重对日语语法现象的分析，较少关注学习材料的内容和思想。
⑤语言训练以句子翻译为主，不注重学生的交际应用。
⑥重视语法形式的讲解和训练，尤其注重日语中的助词和用言活用形的教学。
⑦词语教学只给出相应的译词，较少关注词语的使用场合。
⑧语音教学较少关注学生的语音、语调。

（二）优点与不足

语法翻译法既有其优点，也存在明显的不足。其优点主要表现为：

①能够帮助学生清晰地理解日语的语法概念，比较系统地掌握日语的语法知识，便于学生举一反三。

②有利于学生快速、准确地读取语言材料，能有效提高学生的阅读、写作和翻译的能力。

③对日语教师的教学专业技能要求不高，学生的学习成绩也容易通过词汇、语法和翻译等客观试题加以测评。

同时，语法翻译法的不足也十分明显，主要表现为：

①单纯强调教师讲授，阻碍了学生的学习主动性，未充分体现学生的教学主体地位。

②忽视对学生听、说能力的培养，导致学生日语交际能力不足，无法满足当代社会对学生日语能力的需求。

二、直接法

直接法是指尽量避免使用母语和翻译手段，通过各种直观手段直接运用日语开展教学活动的教学方法。

（一）主要特点

直接法具有如下特点：

①避免使用母语和翻译，直接以日语组织教学活动，广泛使用实物图画、动作、手势、表情和游戏等直观手段解释词义和句义。

②倡导听、说先行，读、写随后的教学原则。

③主要教授口语，注重语音教学，初始阶段一般不涉及日语汉字的教学。

④语言材料为现代日语，教学以句子为基本单位，注重整句学习，不孤立地教授单词和语音规则。

⑤以直接感知、模仿、类推为主要教学手段，初学阶段避免讲授语法规则，学习到一定阶段后再对语法进行归纳。

（二）优点与不足

运用直接法开展教学活动，其优点主要表现在以下 5 个方面：

①在初学阶段用直观手段开展自然的日语教学，不仅能使学生容易理解，而且能活跃课堂氛围，激发学生的学习兴趣。

②强调直接学习和实际应用，有利于培养学生的日语交际能力。

③注重对听、说能力的培养，能培养学生的日语思维和使用日语的习惯。

④不断地重复和模仿，使学生掌握正确的语音、语调，有利于培养学生的日语语感。

⑤以句子为教学的基本单位，有利于学生完整、准确地把握句子的含义，便于组织学生进行有意义的操练。

同时，直接法也存在明显的不足，其主要表现为：

①完全排除母语的中介作用，不仅效率低，而且对抽象概念难以讲解清楚，容易导致学生一知半解、囫囵吞枣。

②将儿童的母语习得与学生学习第二语言混为一谈，忽视学生的独立思考能力，妨碍学生的学习主动性。

③片面强调口语教学，不重视培养学生的读、写能力，致使学生的语言表达浮于表面，难以进行深入的交流。

④单纯依靠机械性模仿、操练和记忆，学生难以准确把握词语之间的搭配关系和句子的结构特征。

⑤忽视对语法规则的学习，学生不仅无法运用语法规则来规范自己的语言表达，而且也难以做到灵活运用、举一反三。

三、听说法

听说法主要是一种针对学生日语听力和口语能力进行培养的教学方法，其主要依托句子结构，将操练句子结构作为中心。

（一）主要特点

结构主义语言学和行为主义心理学是听说法的理论基础，因此听说法的特点体现在如下 7 个方面。

1. 以听、说为主，以读、写为辅

在听说法的观点中，语言是有声音的，声音是第一性的，文字主要是对语言的声音进行记录的一种符号，文字是第二性的。在任何一种言语活动中，听、说都是重要的基础，基于此才产生了读与写，也就是说读与写是派生技能。学习日语首先要掌握听、说，在初级阶段尤其应以培养口语能力为主，以培养读、写技能为辅。采用听说法进行日语教学，应该从听、说开始，之后进行读、写活动。也就是在教学中，教学顺序应该是听、说、读、写。

2. 反复操练和实践，形成自动化的日语表达习惯

依据行为主义心理学理论，听说法强调语言学习必须进行大量"刺激—反应—强化"的操练，通过模仿、记忆、重复、交谈等实践练习最终形成自动化的日语表达习惯。

3. 以句子结构为中心

从大量的句子中提取出共性的句子架构模式，就是句子结构。句子结构作为听说法教学的中心内容也是人们表达思想和观点的基本单位。在教学活动中，不论是日语知识的讲授，还是日语技能的操练，都主要以句子结构为中心，通过反复操练，使学生自主地运用每一个句子结构，最终达到学生综合运用日语的教学目标。

4. 排斥或限制使用母语和翻译

与直接法类似，听说法同样排斥使用母语和翻译，提倡尽量运用直观手段、借助情境或采用日语直接释义等方式开展教学活动。只有在采用直观、直接的手段无法解决问题的情况下，才允许把母语翻译作为释义和讲解的手段。

5. 对比语言结构，确定教学难点

听说法主张把日语和母语进行对比，找出二者在结构上的异同，以确定教学难点，并把教学的主要力量放在攻克难点上。不仅如此，在教学中还需要对日语内部的语言结构进行对比分析。提倡采用由易到难的方法进行训练，以利于对复杂句子结构的掌握。

6. 培养正确的日语表达习惯

听说法注重让学生在日语学习之初就有正确的日语表达习惯，在此基础上进行准确的模仿，实现准确无误的表达。在这一过程中如果学生出现错误，教师要及时纠正。

7. 广泛利用现代化教学手段

听说法提倡在教学过程中积极利用各种现代化的教学手段，如音频、视频资源等，通过多种途径对学生进行日语的强化刺激。

（二）优点与不足

在外语教学中听说法将结构主义和行为主义两种理论融合起来，从而为外语教学注入科学的理论基础，具有深厚的理论基础和重要的历史意义。在外语

教学发展史中，听说法的问世是一个非常重要的事件，有着重要的意义，不论是从理论上来看，还是从实践上来看，都对外语教学法的发展有着积极的促进作用。

诚然，听说法有其优点，也存在不足。其优点主要表现为：

①强调日语教学的实践性，重视对听、说能力的培养，语音、语调比较自然。

②重视句子结构教学。学生可以反复操练句子结构，在此过程中锻炼自身的听、说、读、写等语言技能，培养日语语感，并且在日语表达习惯上也更加接近日语本族人的表达习惯。不需要学习者进行枯燥的语法分析，也不需要进行抽象的推理。

③通过对比分析语言结构特点，确定教学难点，有针对性地加以讲解。

其不足主要表现为：

①听说法在语言运用的创造性方面没有深入的认识，仅仅将语言看作一个"刺激—反应—强化"的过程。

②听说法过于注重操练机械性的句子结构，导致与语言内容和社会场景相脱离，并且也没有足够重视语言的内容和意义。学生通过这种方式进行日语学习也很难实现对日语的灵活变通，不利于培养学生的交际能力。

③听说法主要是进行机械性句子结构的大量操练，这对于学生而言是非常枯燥和乏味的，不利于激发学生的学习兴趣。

四、视听法

视听法是指利用视听手段，让学生整体感知和认识日语的语音语调形态和意义等，从而培养学生听说能力的教学方法。

（一）主要特点

视听法是在直接法和听说法的基础上发展而来的教学方法，其特点主要表现在以下4个方面。

1. 广泛利用视听手段

视听法强调语言与情境相结合，充分利用音视频资源、日剧台词、与日本友人在线交流等方式，让学生反复模仿，形成自动化的日语表达习惯，主要培养学生的日语听说能力。因此，在教学过程中，教师可以通过图像和声音帮助学生理解内容，尽量减少对母语的使用。这样学生就可以在日语与情境意义之间建立直接的联系。

2. 强调整体结构教学

视听法强调语言内容的连贯性，通过情境和声音整体地理解日语材料的意义。视听法是一种自上而下的教学方法。视听法的主要教学步骤如下：让学生观看或者听一段有着完整意义的日语材料，让学生在此过程中对日语材料的语音、语调、节奏等有所掌握；分别进行单个元素的训练。视听法的主要教学顺序为话语、句子、单词。视听法的教学过程分为四个阶段，即感知、理解、练习、运用。

3. 重视口语交际，提倡听、说先行

视听法的语言材料主要是两三个人之间的日常对话。学生通过语音、图像等，在自然的情境中感知、理解日语，在此基础上来进行模仿和练习。在视听教学中，口语是主要的内容，旨在让学生在这一过程中掌握正确的语音、语调，让学生具备日语口语的语感，并且实现其听说能力的提高。

4. 视听并用，与情境密切配合

在视听教学中，学生通过边看图边听声音建立情境和日语的直接联系。这样既不需要使用母语进行翻译，也能避免使用生硬的书面语。而且，图像不仅能够呈现出情境，还能呈现出说话人的面部表情、身体姿态等，学生通过这种方式可以更加直观地感知和理解日语，也可以调动学生的学习积极性和学习兴趣。

（二）优点与不足

视听法的优点主要表现为：

①视听法实现了视觉和听觉的结合，学生在学习日语的时候可以看得见、听得到、感受到，这有利于学生调动身体的多种感官系统，如眼、耳、脑等，这有助于帮助学生建立日语与现实之间的联系，还能锻炼学生直接运用日语的能力，养成日语思维。

②视听法可以让学生在日常的生活情境中对日语进行直接感知，并且可以帮助学生学习交际中的日语语音、词汇和语法，有利于帮助学生在实际生活中运用日语知识。

③视听法注重口语，读、写次之，非常强调对学生日语语感的培养。

④视听法为学生提供的日语材料都是非常地道和纯正的日语，这可以让学生在学习之初就掌握正确的语音、语调，养成日语思维，学会日语表达。

视听法的不足主要表现为：

①过于重视日语整体结构的感知训练，不重视分析和讲解日语知识，如语法规则等，这对于学生理解和运用日语不利。

②过分依赖直观情境，忽略母语在理解日语时所起到的中介作用，这不利于学生把握日语表达与情境之间的关系。

③视听法过于强调日语结构形式，强调以情境为线索来选定日语材料，而有限的情境无法满足学生运用日语开展交际活动的需要。

五、交际法

交际法是指以日语的"功能—意念"项目为纲，以培养学生的日语交际能力为目标的教学方法。交际法形成于 20 世纪 70 年代，是国际上影响较大的外语教学法。

（一）主要特点

交际法的特点主要表现在以下 6 个方面。

1. 课堂教学以学生为中心，培养学生的日语交际能力

首先，教师在课堂教学中尽量使用日语上课，通过师生间的互动培养学生的日语交际能力。其次，在选择日语材料的时候，教师应该选择真实的、典型的、自然的材料，保证材料可以最大限度还原真实的日语交际场景，以此来帮助学生进行日语交际活动。在日语课堂教学中，教师应该扮演协助者和引导者的角色，通过提供各种活动使学生积极接触日语，在活动参与的过程中提高学生的日语交际能力。

2. 教学活动贴近学生的生活实际

交际法认为，交际活动发生于特定的背景和情境中。鉴于此，为了让日语教学更符合学生的实际需要，教师应该创设一些具有典型性、与未来的生活工作息息相关的日语交际场景。此外，教师在选择交际话题的时候，也可以从大部分学生都会经历的场景出发，将此作为日语材料进行选择。

3. 采用多种教学形式

为了提高学生运用日语进行交际活动的能力，教师可以在教学过程中采用多种形式，如情境模拟、信息传递、角色扮演、语言游戏等。

4. 强调运用日语顺利完成交际任务

交际法主张注重语言的目的性和流畅性，而不过于强调语言的准确性，区别于机械化地进行语言操练。基于此，在教学活动中，交际法通常不会严格批判学生的语言错误，因为频繁纠错会破坏学生语言表达的连续性，打乱学生的语言表达逻辑，分散学生的注意力，这不利于学生进行流畅的语言交际。交际法主张只有在出现理解性语言错误，阻碍交际活动继续往下推进时才必须予以纠正。教师应该在教学中鼓励学生大胆说话、敢于开口，要积极参与日语交际，以此来对学生的日语交际能力进行培养。

5. 以话语为教学的基本单位

交际法主张以话语为教学的基本单位开展日语交际活动，反对以单词词组或孤立的句子为教学的基本单位进行机械性操练。话语是为实现交际目的服务的，双向的语言交际过程相互影响并贯穿整个日语交际活动之中。尽管交际法也采用句子结构操练的形式，但这仅是为达到以交际为目的而提高日语能力的一种有用的手段。交际法要求尽量将这种操练置于具体的语言情境中，为交际活动服务。

6. 强调日语交际活动的真实性

交际法认为，在接近真实的语言情境中进行日语交际活动，能有效培养学生对日语的理解和表达能力。交际法反对情境不真实的语言操练。

（二）优点与不足

交际法的主要特征是在日语交际教学中，实现语言结构与功能的结合，主要目的在于培养学生的日语交际能力。交际法一方面要求学生应该具备基本的日语技能，如听、说、读、写等；另一方面，要求学生可以对这些日语技能进行灵活运用，在具体的日语交际语境中可以进行恰当的运用。交际法作为20世纪外语教学研究的重要成果，其优点主要体现在下5个方面：

①有利于培养学生的日语交际能力。语言既是思想的载体，也是交际的工具。交际法强调语言教学为学生的交际需要服务。日语交际能力如何具体表现在是否能够运用日语在不同的场合对不同的对象有效、得体地完成交际任务。可以说培养学生的日语交际能力既是日语教学的出发点，也是日语教学的目的与归宿。

②教学活动以学生为中心，有利于发展学生的话语能力。在教学活动中，学生占主体地位，教师负责组织、引导和推动交际活动的顺利开展。这样既为学生提供了更多的运用日语的机会，也提高了学生运用日语的积极性，有利于发展学生的话语能力。

③有利于提高学生日语表达的流畅性和连贯性。由于交际法强调语言的意义和应用，学生接触和使用的不是孤立的词语或句子，而是连贯的日语表达，因此

教学中首先要求的必然不是日语表达形式的正确性,而是日语表达的流畅性和意义的正确传达。

④有利于综合发展学生的日语技能。交际法主张教学活动尽量贴近学生的生活实际,接近真实的日语交际情境,这样的教学形式有利于学生听、说、读、写等日语技能的综合发展。

⑤有利于活跃课堂氛围,提高学生的学习兴趣。运用交际法所营造出来的融洽、自由的课堂氛围,有利于让学生从古板、枯燥、压抑的课堂中解放出来,提高学生的学习兴趣,达到寓教于乐的教学效果。

尽管交际法影响巨大,在发展学生日语交际能力方面效果突出,但是也存在一些不足,主要表现在以下方面:

①"功能—意念"项目繁多、层级关系复杂,认定"功能—意念"项目的标准不统一,如何科学编排"功能—意念"项目的教学顺序等问题缺少系统的理论支持,还需要进一步探究和完善。

②对于语言教学来说,语言能力的培养不能忽视对语言形式的学习,如何科学地协调日语的"功能—意念"项目与日语的语法规则、句子结构之间的关系还需要进一步研究。在以"功能—意念"项目为纲的教学活动中,语言形式的选择往往居于次要地位,这就难以避免在较早的学习阶段出现较难的日语表达形式,从而增加学生学习日语的难度。

③交际法要求对学生的语言错误采取宽容态度和有条件纠错。然而,哪些错误可以宽容,哪些错误必须纠正,以及何时纠错等问题均难以确定可行的标准,需要教师在教学实践中灵活把握。为此,不少教师很容易陷入放任自流的困境。

第四节 日语教学与语料库解读

随着计算机技术的迅猛发展,各种各样的语料库相继投入建设,语料库作为一种数字化的学习资源和教育资源开始受到关注。语料库在外语教学中的应用、以外语教学为目的的语料库的开发与应用,已经成为新的课题。对于日语教师和日语教育研究者来说,学习和掌握语料库的知识及其应用的方法,可以使他们获得更多的教学和研究资源,更好地提高教学效果和研究水平。

语料库是一种由语言信息集成的、可供计算机处理的、具有广泛用途的数字化资料库。它以其容量大、语料真实、检索快捷等独特的优势在现代语言学研究和语言教育中发挥着越来越重要的作用。语料库已经成为现代外语教学中不可忽视的重要资源、方法和工具。从外语教学和学习的角度出发，厘清语料库应用于外语教育教学的基础理论，总结面向教学需要的语料库的分类，回顾国内日语教学研究中应用语料库的现状，明确今后的发展方向和研究课题，是日语教育研究者和日语教师获得专业发展的必备前提之一。

一、语料库概述

（一）语料库的教学分类

语料库的多样化发展是当代信息社会的必然趋势，根据不同的学科，以及开发和使用的目的，语料库可以分为许多种类。了解和把握语料库的类型和应用前景，对于日语教育研究者和日语教师来说是十分必要的。

1. 学习资源类语料库

学习资源类语料库是提供直接的学习资料的语料库，其中本族语料库、平行语料库、网络语料库的语料是实际使用的现实语料，而表达语料库、用例语料库、译例语料库的语料则是为了达到学习目的经过设计和选编的现实语料。前者可为学习者提供大量真实而自然的语言资源，十分可贵，但对初级学习者来说，信息负担过重，内容偏难；后者是在前者基础上抽取特定的语料建立的微型语料库，可为初、中级学习者提供难度适宜且便于学习的语言资源，但因语境信息和使用场景有所缺失，不易应用。

学习资源类语料库包括以下内容：

①本族语料库。语料来自日语本族语，反映本族语的一般语言特征、各种语言变异和使用场景，力求代表一种语言或一种文体的全貌，如现代日语书面语均衡语料库、日本朝日新闻语料库、新潮文库语料库、青空文库语料库、日本影视作品多媒体语料库等。

②平行语料库。语料来自两种以上的语言，而且相互对应，即平行对译，如中日对译语料库、新闻报道对译语料库、TNR汉日日汉翻译语料库等。

③网络语料库。拥有海量的网络在线语料，且可高速检索和即时利用，如网络信息引擎的在线语料库等。

④表达语料库。根据学习或研究所需，从大型语料库抽取特定的表达方式及用例构建而成，如比喻表达语料库、评价句语料库等。

⑤用例语料库。根据学习所需，从大型语料库抽取有代表性的特定的用例构建而成，如网络辞典和电子辞典等所挂接的综合和专门用例库、复合动词语料库等。

⑥译例语料库。根据学习所需，从平行语料库抽取有代表性的特定的译例构建而成，如网络和电子翻译软件所挂接的对译词库和例句库等。

2. 教育资源类语料库

教育资源类语料库是提供教学专用资源的语料库，有的资源也可供学习者参考使用。其中课标语料库、参照语料库、测试语料库的语料是关于教学指导、参照指标和测试内容的资源，而教材语料库、课堂语料库、学习者语料库的语料则是关于教材内容、教学过程和学习结果的资源。前者提示了教学、学习和评测的标准和参照指标，具有客观性、现实性，但有时更新和建库较慢；后者提供了教学内容和学习的真实记录，对把握和分析实际情况很有必要，但有些项目存在重复性开发的问题，需要加强交流和分工合作。

教育资源语料库包括：

①课标语料库。语料来自教学大纲和课程标准全文，用于各种课标和不同版本的相互对比和研究。

②参照语料库。语料来自教学大纲或课标及考试大纲的词汇表、语法句型表、意念功能项目、话题与交际行为项目等，如学习词汇数据库、教学语法数据库、功能话题库等。

③测试语料库。语料来自各种不同级别的试题，用于研究评判各类测试的信度和效度，也用于考前学习，如各类题库等。

④教材语料库。语料来自各类教材全文，内容一般尽量保留教材的结构和原貌。

⑤课堂语料库。也称"课堂话语语料库"，语料来自课堂教学的录音录像，内容一般以课堂话语为主，尽量反映教学过程和原貌。

⑥学习者语料库。语料来自学生的口语、作文、口笔试、口笔译等反映学习过程或结果的文本、声音和影像。

上述各种语料库之间存在着多种相关性，我们可以根据其特征和相关性，在外语学习和外语教学研究中直接应用一种语料库，也可以综合应用多种语料库，还可以在此基础上尝试二次开发应用。以上述语料库的类型为基本的框架，日语教师可以从各自的需要出发，选择、组合使用语料库辅助自己的研究和教学，还可以进一步开发微型语料库及数据库。应该说，面向外语教学的语料库其开发和应用才刚刚开始，今后的前景将更加广阔，课题更多。

（二）语料库应用于外语教学的基础理论

语料库应用于外语教学需要进行理论的建构和实践的探索，其根本依据和理论基础源自如下外语教学理论。

1. 输入假说和注意假说

第二语言习得理论认为输入是语言学习的基石，输入的频率是影响语言发展的因素之一。根据"输入假说"的观点，"可理解输入"，即关联的、有趣的且适量的语言输入才是理想状态，这也是外语习得的根本要素。"注意假说"认为，注意是把输入转化为吸收的充分必要的条件，在语言学习者发展其语用能力中起关键作用。[1]而语料库存储语料的大容量性和可持续性可以提高输入的频率，以此来确保知识具有趣味性、多样性，这有利于缩小学生课堂中所学知识与实际语言使用之间的距离。

语料库存储语料的可选性和可显性还可以保证在教师的监控下有针对性、难度适中地筛选语料，体现"可理解输入"和"增进注意"的原则，有效地提高输入内化的效果。由此可见，语料库的应用对提高语言输入的频率和质量至关重要。

2. 建构主义教学观

建构主义和社会建构主义理论对学习的发生过程进行了深刻的阐述和研究，对人类学习过程中的认知规律进行了诠释和探析，并且还深刻研究了意义的构建过程、概念的形成过程；此外，还对理想状态下的学习环境构成要素进行了研究。该理论对学习所具备的自主性、情境性和社会性予以肯定。语言知识的习得实际上是学生主动参与学习的过程，学生在一定的学习环境中，在学习伙伴的相互作用、相互影响下对知识进行学习，以此来对自身的知识体系进行构建和完善。语料库为知识建构和自主学习提供了丰富多样的素材和实用便捷的工具，为发现学习、探究学习和合作学习提供了基础资源和互动平台。学习者语料库的中介语记录了外语知识建构和能力发展的过程，为外语习得和知识建构研究提供了宝贵的基础数据。语料库驱动的外语学习新模式的核心是建构主义，在教学理论的指导下新模式会对学生的学习方式产生影响，改变学生获取学习资源的渠道。

---

[1] 李培东. 外语教学原理与实践研究：共时视角 [M]. 银川：宁夏人民出版社，2019.

3. 数据驱动学习法

数据驱动学习法是一种新的外语学习方法，依托语料库数据，也被叫作"语料驱动学习法"。数据驱动学习法最早在 20 世纪 90 年代提出，其主张学生通过大量的语料库数据来对语言使用现象进行自主观察、概括和归纳，在此基础上发现语法规则，明确意义表达和语用特征。数据驱动学习法旨在模拟实际生活中的课堂交际活动，学生需要专注于目标语，在与其他人合作讨论和协商的基础上完成任务。自数据驱动学习法提出，外语学习就不断进行改革，这对传统的以教材和教师为中心的教学方法和理念造成了冲击，引发了学术界的广泛关注。在计算机技术及语料库技术迅速发展和应用不断普及的今天，数据驱动学习法的应用范围已经超越了课堂学习活动，成为一种学生自主学习的新模式，并由此促进了语料库的多样化发展。

二、语料库在日语教学中的应用

（一）词汇教学

词汇是外语教学中最基本的内容，日语也是如此。在单词记忆方面，日语学习者面临着不同程度的困难，究其原因并非个体记忆力上的问题，而是记忆单词本身这项学习就非常枯燥。为了解决这一问题，有一部分研究者认为为了记忆单词，可以通过例句和文章来增强记忆力。在传统的教材中，因为篇幅的限制，不论是例句还是文章都非常有限。就教材而言，其在经过筛选和加工之后才得以形成，这导致教材中语言的真实性不够强，不能完全反映语言的真实特点。在记忆词汇时运用语料库有非常好的学习效果。就语料库而言，其基本上收录的是现实生活中的语料，因此，这些语料有着真实、全面、直观的表达方式。通过运用语料库，学生可以学习和记忆词汇，也能对词汇的使用方式有所掌握。由于教育朝着信息化的方向发展，语料库也随之增加了其他功能，如自我检测、监控学习进度等，这使得学生在使用语料库的时候可以了解自己所掌握的词汇的水平，把握自己记忆词汇量的进度，从而更好地进行日语学习。

（二）写作教学

长期以来，在日语教学中，日语写作教学是一大难点。很多学生在用日语表达时非常生硬，容易出现"中式日语"的问题。在使用日语进行表达的时候，学生容易受到自身母语的影响，会使用中文思维来组织语言，而不是用日语思维来组织语言，这就导致常常出现生硬的句子表达。日语的表达方式在教师的努力下被分解为学生可以学习的语法和句型，但是对于任何一种语言来说，其在一定程度上都是没有规律的，也就是说语法和句型是不能对全部的语言现象进行解释的。鉴于此，学生学习语言最好和最有效的办法就是广泛接触真实的语料。语料库会对现实生活中的语言信息进行收集，并且还在持续更新，这成为语言学习者学习语言最好的方式。学生只有掌握日语的原始表达才能形成语感，从而完成自然、恰当的日语写作。

（三）翻译教学

翻译不单单是对两种语言进行置换的过程，在中日翻译中，需要站在日语使用的角度，在对日语有深入了解的基础上用日语对中文的意思和内涵进行表达。对此，不仅需要学生对词汇有准确的掌握，还要进行地道的日语表达。在传统的翻译教学中，仅仅通过单词和句型来进行翻译，这种翻译方式不够自然和地道，无法实现日本地道的表达。在翻译教学中使用语料库，学生可以在语料库中掌握和学习自然、地道的日语表达，养成日语思维，有利于学生的翻译学习。此外，语料库也在不断更新，这使得其收录的内容可以与日本社会文化表达心理保持一致和与时俱进。学生在运用语料库的过程中，实现自身日语知识的积累，有利于提高自身的翻译能力和水平。作为翻译工具的一种，语料库也在不断被推广，语料库中的翻译功能将助力学生翻译技能的提高。

（四）视听说教学

视听说课程与其他课程相比具有更大的自由度，教师可以在课堂中运用语料库，以紧跟日语研究与日语学习的趋势。在日语教学中，教师要从学生的实际情况出发，选择一些新奇、有趣的视听材料，改变以往单一的教学方式，从而提高教学效果，提高学生的日语学习能力。教师可以在语料库中查找与本节课堂有关的视频，在课堂中为学生呈现出来，让学生了解在真实的语境下日语语言的表达与使用，并且辅以课堂讲解，从而加深学生对异国文化的理解，使学生掌握更多的表达方式。

（五）建设校本语料中心

教科书的内容往往与现实生活脱节，导致学生感到陌生。有学者认为可以建立新的校本语料，如收录学生在大学期末考试、日语专业四级和专业八级考试中自由写作的内容，或者收录学生期末口语考试的录音。这些语言材料取材于学生的日常生活，与学生的学习息息相关，学生对此非常容易产生共鸣。并且，这些语言材料可以实现资源共享，教师也可以借此获得可靠的教学和研究内容，这也方便学生后续的学习。

（六）毕业论文指导

高校学生在毕业论文阶段，通常会出现一些问题，如选取的题目范围太广、选题观点落后、内容缺乏实质性的深度等。这就导致高校学生在撰写毕业论文的时候非常容易变成对语言知识的总结、对文献资料的罗列。学生通过语料库来进行毕业论文的撰写，一方面可以让学生找到较小的选题切入点，对语言知识的本质进行挖掘，也可以快速查找到所需要的数据；另一方面还能借助语料库对语言进行深入分析，对语言使用规律进行明确，这对于毕业生来说可以有效提高其论文质量与水平。

如今，语料库的发展呈现规模化，并且有着广泛的应用领域，但是就我国目前而言，因为对日语语料库的认识不够深入和全面，导致高校对语料库的使用频率相对较低，未能充分发挥日语语料库所具有的作用。

三、语料库在日语教学中的扩展应用

（一）新教材开发

我国的日语教材需要在现有基础上根据时代特点和学习需求不断改进，通过语料库可以深入研究现有教材的长处和短处，为开发新教材提供详尽的信息，有利于新教材的开发和创新。

（二）教材选择及教学转型

可以利用教材语料库便于浏览和对比的特点，了解所使用的教材内容和语言的特点，从而合理有效地选择教材；也可以尝试语料库驱动课堂教学，以一种教材为主，辅以其他教材，综合利用多种教材的优势，从而提高教学的效果。

（三）学习的巩固和系统化

外语教材在外语学习中扮演着重要的角色，它是外语信息输入与产出的基础和载体，同时也是学生进行"注意"和"归纳演绎"等认知活动的重要支撑。积极引导和促使学生运用教材里的语料库来进行日语学习，不仅可以强化注意力，提高复习和归纳等学习活动的效率，实现温故知新的目的，还可以在自主学习和合作学习活动中，促进外语认知结构和跨文化交际能力的形成、发展和系统化。

（四）质量掌控和教学评测

教材是教学大纲的具体体现，也是教学质量的基础保证和教学评测的主要依据。但是，我国的日语教材种类繁多，使用范围不同，仅以一种或某一地区的教材为背景制定的评测标准，难以保证教学质量和作为客观依据。教材语料库收录了国内具有一定代表性的教材，可以用来对比各类教材的内容深度和学习难度，探索质和量的均衡值，为全国日语教师和教学指导部门提供参考数据。

语料库作为新时代的学习资源和教育资源，其开发和应用前景十分广阔。随着越来越多的研究者和日语教师加入应用语料库进行教学及研究的行列，语料库应用工具的开发已经成为重要的课题。

近年来，语料库的开发向着多样化和专业化的方向迅速发展，其合理性、科学性和有效性已经成为受关注的课题。例如，中国日语学习者的作文语料库在我国有重复建设的倾向，从经济原则考虑不够合理；有的学习者语料库只收录一个学校的语料，以其为依据论述中国日语学习者的习得状况显然不够全面；有的语料库建设与教学关系不明，缺乏教学定位，对教学改革作用不大；目前语音语料库、影像语料库、多模态语料库和课堂教学语料库数量较少，教学应用研究较少。

如前所述，与语料库的开发速度相比，语料库的教学应用研究在我国日语教育界还不够深入。例如，教材研究和教材开发对语料库的应用不够，实践事例和研究成果较少；教学研究和教学改革对语料驱动学习模式缺乏探讨，语料库应用于课堂教学和课外学习的研究有待进一步开展；习得研究对偏误成因和环境因素关注不够，缺乏多种语料库的综合应用；教学大纲、课程标准和评测内容的制定依据不够客观，缺乏对语料库的合理应用；日语学习词典缺乏真实语料和客观数据的支撑，有待基于本族语均衡语料库和学习者语料库进行创新开发。

日语教育在中国已经成为规模仅次于英语教育的外语教育，不论是中国的日语学习者还是日语教育者的数量均已达到世界首位。积极学习并掌握语料库应用于日语教育的理论和方法，在日语教学及科研中不断探索基于语料库的日语教学模式的创新，推动基于语料库的学习效果的提升是教育信息化时代背景下日语教师的责任。

第二章 日语教学的理论与应用

本章介绍日语教学的理论与应用的相关内容,分别从认知语言学理论与应用、认知负荷理论与应用、建构主义理论与应用、元认知理论与应用四个方面进行介绍。

第一节 认知语言学理论与应用

认知语言学是一门以认知心理学为基础的语言学科,其从思维模式的角度出发对语言学习及各种语言现象进行深度剖析。近年来,随着认知语言学研究的日益深入,其在高校外语教学方面得到进一步应用,对于日语教学也起到了一定的启示作用。

一、认知语言学理论的基础认知

有一部分语言学家在 20 世纪 70 年代后期和 20 世纪 80 年代初从认知的角度对语言现象进行研究,在不断地发展中逐渐形成认知语言学流派。在 20 世纪 70 年代末,认知语言学在美国西部地区兴起,其在 20 世纪 80 年代至 20 世纪 90 年代获得了快速发展。如今,认知语言学已经成为一门主流的语言研究学科,广泛流行于世界各地。

尽管认知语言学呈现蓬勃发展的态势,但是对于其定义尚未形成统一的、完整的认识。对于认知语言学的定义,不同的专家学者有不同的理解,这取决于他们的观点和方法论。至今为止,学术界没有取得一致看法和共识。简单来说,认知语言学是探究人类认知规律和语言之间关系的学科。

认知语言学理论建立在心理学、哲学、语言学及认知科学等相关理论的基础之上。由于篇幅有限,本部分主要介绍体验哲学这一认知语言学的哲学基础。

语言学派因为语言哲学观的不同而有所不同。认知语言学的发展不可避免地依托其哲学基础。语言与客观世界的关系问题是语言哲学最基本的问题。

在西方哲学史上，存在两种主要的哲学观点——主观主义和客观主义。在语言研究中，主观主义的影响非常小，主要是客观主义有着非常突出的影响。

客观主义认为主体和客体是相互独立的，建立了主客体相对立的二元论。在客观主义者的认识中，认为主客观是分开的、是对立的，这是错误的观点，并且其还认为人对于世界的认识是对现实世界的直接复制，反映纯粹的客观现实。

在认知语言学中，"现实—认知—语言"是核心原则，在这一原则中，"认知"处于中介位置，主要连接着"现实"和"语言"。由此可见，认知在这一过程中发挥着至关重要的作用。认知的物质基础是现实世界，认知实际上就是在心理上对现实世界的加工。人的主观性在认知中有着重要的作用，因此在"现实"与"语言"之间也发挥着重要的作用。语义根植于体验，是人类在与世界互动的过程中所形成的经验，其得益于使用者对于事物的理解与感悟，因此，与人的认知息息相关，不可脱离。鉴于此，我们在对语义进行考察的时候也应该从两个层面入手，一是认知，二是现实。

认知语言学强调语言的意义取决于人们对事物的认知，也就是说，语言意义是人类体验的"概念化"。在认知语言学中，"概念化"作为一种认知方式一方面指的是形成的概念，另一方面指的是概念形成的过程，这就强调了人所具有的创造性和主动性，强调了意义具有的动态性。

人们通过亲身体验现实世界，建立各种范畴和与之相应的概念，从而赋予事物以意义。因此，意义既是概念化的过程，也是概念化的结果。

概念化是认知的过程，而认知又与人类的经验、范畴等密切相关。因此，认知语言学的最终目的就是阐述概念框架、认知方式、推理过程、隐喻机制等，以及语言形式是如何反映它们的。[1]

二、日语教学中导入认知语言学理论的作用

认知语言学是一门坚持体验哲学观，以身体经验和认知为出发点，以意义为研究中心，旨在通过认知方式和知识结构等，对语言事实背后的认知规律做出统一解释的跨领域的学科[2]。

---

[1] 王寅. 认知语言学 [M]. 上海：上海外语教育出版社，2007.
[2] 王寅. 认知语言学之我见 [J]. 解放军外国语学院学报，2004，27（5）：1-5.

只有提高学生的语言认知能力，让学生具备语言创造力，才能培养学生的语言思维能力。在日语基础教学中我们可以采用认知教学法，主要将认知语言学的理论融入其中。

（一）注重词语的本质意义和语义之间的联系

在日语教学中，教师在讲解语法的时候，通常会先举出几个用法，然后再罗列几个例句，不太重视单词的讲解工作，往往只是简单地列出单词表，并在其旁注明汉语释义。

学习语法的人往往被迫记住很多用法，但是他们并不了解各个用法之间的联系、差异和共性。这就导致学生在学习单词的时候，要想了解单词的意义，只能通过简短的中文释义来进行模糊的了解。

随着学习的深入，学生的词汇量在不断增长，这就导致他们难以区分众多近义词。被动散点式记忆方式过于机械、零散，这就难免会使学生出现难以记忆和理解的情况。

在教材编写和教学实践中应用认知语言学的原型范畴理论可以很好地解决上述问题。原型范畴理论认为，任何范畴都具有由典型事例到边缘事例的模糊性特性。范畴成员之间具有家族相似性，具有不同的地位。原型是范畴中典型的成员，它和人类的认知结构最为接近，因此最易于被人脑感知[1]。

有一些词语有着较多的语义，有着复杂的用法，针对这一类词语，我们可以通过树形语义结构图来对其各个语义和用法及其联系进行呈现。此外，在讲解单词和语法时也应该对词语的本质意义进行明确。在认知语言学的观点中，尽管多义词有着非常多的语义，但是其有本质上的共性。因为这一特点，使得词语的语义发展受到一定的限制，同时，词语的运用也遵循一定的规则。

（二）引导学生理解语言

在组织语言的时候虽然遵循语法规则，但是这并非意味着语法支配着语言。在语言教学中，很多教师会出现误区，过度强调语法的重要性，没有恰当处理好语言与语法的关系。学生受此影响，在语言理解上也会出现偏差，会产生语法约束语言，语言只能在语法的范畴内使用的错误认知，进而导致学生在实际运用语言的时候产生困惑和疑问。

鉴于此，教师应该在最开始教授日语时就让学生对语法和语言的关系有正

---

[1] 赵艳芳.认知语言学概论[M].上海：上海外语教育出版社，2001.

确的理解，在此基础上开展教学。语法服务于主体表达，服务于情感传递和主张表达。

通过实践，人类不断深化对语法的理解与认识，同时也在不断对语法的内涵进行丰富。不同认知个体之间存在认知的差异，这势必导致其认知概念上的差异。在判断语言现象正确与否的时候，不能单纯依靠语法条目来判断，应该立足于具体的语境，对其中所蕴含的认知主体意识进行考量。在认知语言学的观点中，语言的组织方式、表达方式及表达的效果取决于认知主体的意识。

在实际语言表达和使用的过程中，说话者会根据具体的语境和说话的意图来选择语言的表达形式。由此可见，语言中所蕴含的认知主体意识主要指的就是说话人的说话意图、认知过程及说话人所关注的焦点。

在日语专业教学中应用认知语言学对于学生而言是有利的。首先，学生可以从更加宏观的角度对词语的本质意义进行把握，掌握词语意义之间的联系；其次，从微观角度来看，学生可以掌握词语的各个语义的具体使用方法，有利于学生更好地掌握词语的使用。此外，这种方式还能让学生更加积极主动地学习，养成独立和主动思考的习惯。

三、认知语言学理论在日语教学中的应用

（一）认知语法理论的日语教学应用

首先，在传统的日语教学中，教师在教学的时候先对句型进行讲解，之后进行举例，再让学生通过造句来进行巩固。这种教学方式没有充分重视日语中的文化因素和社会因素等，这就导致日语教学是中国式的。比如，将汉语"借花献佛"这个成语翻译成日语，如果在翻译的时候，我们仅仅考虑句型，不注重日语中的"佛"这个词有"归天者"的深层含义，很容易出现误解。为了掌握这个句型并熟悉特定的社会文化背景和相关术语，我们建议学生积极阅读日文报纸、小说等课外读物，以收集更多的例子，并从中体验和学习日语的思考方式，在具体情境中培养日语思维。

其次，从认知语法的角度审视日语教学，我们可以得到更深刻的启示，包括日语教学中词汇观和语法观的运用。根据生成语法理论，语法是一种规则，要按照一定的规则来使用词汇生成句子。但是在认知语法中并未明确区分语法和词汇，认为语法和词汇之间的差别只是一种阶段性的内容。这一规则有助于理解和掌握传统日语学习模式中基于生成语法的浅层次词汇和语法，能够在学习日语词汇和

语法过程中提高学生的抽象思考能力,提高学习效果。

(二)隐喻的日语教学应用

隐喻是一种与直喻相对的语言修辞,是一种更加婉转和含蓄的语言表达方式,在认知语言理论中这也是非常重要的研究内容。在日语教学中运用隐喻主要是引导和点拨学生养成正确的日语思维方式,帮助学生理解和有效运用语言。

在语言表达中使用隐喻,可以反映出思维能力和推理能力。基于此,其也常常被用于文学作品之中。隐喻密切联系着人类对整个世界的认知,如果隐喻可以与听话者的心理相契合,那么就可以让对方感到共鸣。在传统的日语教学中,并不重视与日语语言、日本文化、日本风俗等相契合的认知语言学的隐喻教育,只强调语法、词汇及句法等表层含义,这就导致在日语教学中,学生对日语的含义不能深刻理解,这就很难感受到日语的魅力,也就无法产生日语学习兴趣。如今,在日语教学中,高校教师应该基于认知语言学理论,引入隐喻思维教学,适当减少对日语词汇和语法的教学,只有学生熟悉了语境,提高了学习兴趣,感受到了日语的魅力,才能有较好的教学效果。

(三)构式语法理论的日语教学应用

构式语法和生成语法是两种截然不同的语言学观点,它们从不同的角度看待语法。构式语法强调语法是一种习惯化的集合体,而生成语法强调通过词汇项目及合成词汇项目的规则记叙语法。构式语法理论主张从谚语之类的固定表达方式到所谓的单词能够自由替换的主谓宾(在日语中是主宾谓)构式都形成一个连续体[①]。在日语中具体表现如下:前缀形态素,如"超";后缀形态素,如"的";熟语,如"吴越同舟";双重宾语构式,主语+宾语1+宾语2+动词。对于上述这些日语中的核心语法,只有通过构式语法理论进行抽象概括,才能理解其本质,并加深记忆。

(四)范畴化理论的日语教学应用

20世纪就讨论过认知语言学中的范畴化问题,在此之后,出现了认知语言学。他们主要强调基本层面范畴的概念,注重原型理论,并基于此来对语言进行描述,并且以此来取代根据所有成员共性规定范畴的古典式范畴观念。

在认知资源方面,人类的能力是有限的,我们只有通过范畴化才能获取最大的信息量,这是一种有效的方式。需要通过以下步骤形成范畴化。

---

① 管静.认知语言学在日语教学中的课题与反思[J].教育教学论坛,2015(32):177-178.

①对于肉眼可观察到的对象的模式认知。在日语句式中，"主语＋宾语＋谓语"就属于一种极具代表性的模式认知，学生通过这种方式有利于对日语的本质进行掌握。

②对于已经认知的信息要从长期记忆中进行检索。学生在对新的日语句子进行阅读和理解的时候，会在长期的记忆中调取上述的日语基本句式，根据基本句式来对新句子的主语、谓语、宾语进行检索，以此对句子进行理解。

③挑选与对象最相似的记忆。可以在学习日语语法时态的时候，选择与其最相似的 16 种时态，在对比中进行学习和理解。

④对对象的性质进行推论。在日语的句子中有时会存在一些汉语词汇，在对这些词汇进行推测的时候应该从日语思维入手，明确其在日语中的性质，只有这样才能对其在句子中的位置进行合理安排。

⑤在所经历的众多刺激中提取典型案例或者模式，这种案例或者模式是这些刺激中具有典型性和类似性的，基于此形成范畴化。在这些案例中，越是典型的案例就有着越强的范畴化，也更容易被记忆，并且可以轻松地回忆起来。在日语学习中可以运用典型案例范畴化的方法来对非常容易混淆的词汇读法进行区别和掌握。对此，要解决这一问题只需要明确和记忆典型的读法即可——前音后训的"重箱"和前训后音的"汤桶"。

在以往的教学活动中，教师得不到发展，学生获取的知识受到限制，其中一个很重要的原因就是缺乏系列的理论。因此，日语教师首先要充分认识到认知语言学对于教学的重要性，进而有针对性地进行一系列教学改革。也就是说在对语法理论体系进行讲解的基础上，引入认知语言学的内容，教授生成语法中的知识，以便对日语的实质进行掌握和理解。例如，认知语言学可以充分指导词汇教学，采用语义拓展理论的词汇教学对于引导学生深入细致地把握近义词、近义表达之间的差异很有帮助。再如，认知语言学也可用于语法教学，认知理论对助动词的意义辨析、格助词的习得与辨析等语法教学具有极大意义。在进行授课之前，可以对教科书中的语法根据认知语言学的有关理论与知识进行补充和拓展，这样可以有效提高教学的效果。

第二节 认知负荷理论与应用

一、认知负荷理论概述

(一) 认知负荷理论的相关认知

1. 认知负荷

(1) 认知负荷的定义

认知指的是个体对外界信息进行加工的过程与能力,是解决问题的能力。因为人类对于信息加工的容量并非无限的,因此产生了认知负荷。认知负荷不仅复杂和内隐,同时还是多维的。鉴于此,学术界尚未对认知负荷的定义形成统一概述。

我们可以从两个层面来理解认知负荷:一是理论层面,主要立足于实验室研究视角来对认知负荷进行定义;二是实践层面,主要立足于实际应用研究视角,一般与教育实践密切相关。这两个层面的理解相互补充,能够更加全面地定义认知负荷。

首先,在理论层面上,我们可以从4个角度来进行考虑。①能力角度,所谓的认知负荷指的是对被加工信息进行处理的能力。②心智角度,认知负荷主要指的是在心智上个体需要进行努力的强度,这主要包含两个方面,一方面是感受心智努力,另一方面是感受心智负荷的负载状态。③心理能量角度,所谓的认知负荷主要是对一定信息数量进行加工的心理能量水平,因此,待加工信息数量直接关乎认知负荷的高低。④心理资源角度,认知负荷主要指的是在整个的学习过程中,个体为了保证完成认知任务所需要耗费的心理资源数量。

其次,在实践层面上,我们可以从两个角度定义认知负荷,具体如下:①在定义中对工作记忆这一认知负荷产生的空间进行明确;②通常会使用知觉、协调、体验、使用等具有动态感的名称,主要侧重点在于动态定义。

(2) 认知负荷的类型

①内在认知负荷。

索伊弗特 (Seufert) 等把由学习任务复杂性导致的内在认知负荷称为"外

因决定的内在认知负荷",把由图式可得性决定的称为"内因决定的内在认知负荷"[1]。

学习材料所具备的性质以及学习者的知识储备和经验水平决定了内在认知负荷。学习材料的性质不仅涉及学习材料的复杂程度,也涉及学习材料的难易程度,其主要指的是元素在材料中所蕴含的数量情况和交互性,元素越多就有着越高的交互性,因此材料的难度也就越大,进而导致学习者对此材料的内在认知负荷就越来越大。然而,不同的学习者对于相同的学习材料,对材料的难易程度也会有不同的感受,这就导致了相同材料会带给不同学习者不同的认知负荷。在知识经验水平方面,相较于水平较低的学习者,较高水平的学习者对学习材料的难度感知较低,且所产生的内在认知负荷也较小。

②外在认知负荷。

在学习过程中,存在一些外在的干扰和影响因素,这些因素被称为无效认知负荷,也被称为外在认知负荷。组织和呈现学习材料的方式会影响外在认知负荷,一般来说,外在认知负荷产生于学习者从事一些与图式获得无关或自动化的活动时。

学习材料的呈现方式不合理和教学设计不当会导致外在认知负荷增加。不合理的学习活动设计以及不恰当的材料组织与呈现会使得学习者的外在认知负荷增加。对学习者而言,其一般产生于进行与学习主题无关的活动。

③关联认知负荷。

关联认知负荷又被称为有效认知负荷,其主要根据认知策略提出,学习者建构图式投入的精力会对其产生影响,处理信息的元认知策略也会对其有所影响。当学习者进行学习时,他们会利用剩余的认知资源在工作记忆中进行更高层次的认知处理与加工,如重新组合、抽象化、对比和推理等,以支持构建图式。

2. 认知负荷理论的定义

乔治·米勒(George Miller)是美国心理学家,其在脑力负荷领域中有着突出的研究成果。之后,澳大利亚新南威尔士大学心理学家约翰·斯韦勒[2](John Sweller)在研究学习材料和教学方法影响学习者概念掌握和认知加工时,提出认知负荷理论,并首次将其应用于教育领域。认知负荷理论的思想起源正是来自米

---

[1] 金晶.学习—比较法和分阶段指导法对初中生代数样例学习的影响[D].金华:浙江师范大学,2011.
[2] 张晓君,李雅琴,王浩宇,等.认知负荷理论视角下的微课程多媒体课件设计[J].现代教育技术,2014,24(2):20-25.

勒对工作记忆问题的思考及早期的研究结论[①]。

约翰·斯韦勒认为该理论旨在探究复杂学习过程中任务或环境对学习者的认知资源的占用和有效控制，是分析学习过程中对知识加工处理、吸收内化的过程。[②]

（二）认知负荷理论的理论基础

1. 资源有限理论

心理学家丹尼尔·卡曼尼（Dainel Kahneman）提出了资源有限理论，有限容量理论、资源分配理论都是该理论的别称。在该理论中所涉及的"资源"主要指的是两种资源，一是注意资源，二是认知资源。卡曼尼认为人类的认知资源并非无限的，相反是有限的，人类如果在同一时间进行多种活动，此时在认知资源分配上就会出现问题，在分配资源的时候也会坚持"此多彼少，总量不变"的原则。

基于该理论，认知负荷理论提出了在工作记忆上表现的认知资源是有限的，简言之，工作记忆的容量是有限的。因为容量的有限性必然会出现分配容量的问题。如果在工作记忆上需要加工的信息数量多于可以容纳的新的刺激信息，那么信息就会很难得到加工，此时的学习不会产生效果，也就是说，此时已经出现了认知超负荷现象。

2. 图式理论

德国古典哲学创始人伊曼努尔·康德（Immanuel Kant）是最早提出"图式"这个词的人，"图式"被他视为描述知识表征的基本单位。康德认为图式构建的过程就是一个对多个信息元素进行整合的过程，将其整合成一个信息单元。也就是说，在一个图式中会蕴含着多个信息。根据图式理论，知识信息如果在长时记忆中的存在形式是图式，那么就可以明确工作记忆中的信息加工数量，这有利于为工作记忆加工信息提供更多的空间。基于此，认知负荷理论认为减少工作记忆的负担，可以进行图式的构建和图式的自动化，这样可以使工作记忆容量得以释放，实现有效的信息加工，进而保证学习效率的提高。

3. 工作记忆理论

心理学家艾伦·巴德利（Alan Baddeley）提出了工作记忆理论，认为人类的

[①] 张嘉桐. 基于认知负荷理论的数学多媒体认知加工模型研究 [D]. 大连：辽宁师范大学，2016.
[②] 蒋荣清. 基于认知负荷理论的数学课堂教学策略 [J]. 数学通报，2018，57（1）：39-42；46.

认知结构可以被分为三个方面：一是感觉记忆，二是工作记忆，三是长时记忆。感觉记忆用于知觉输入信息，如视觉信息和听觉信息。工作记忆是信息加工的主要场所，面对新信息时，工作记忆容量有限，短时间内一般接收、处理、加工或储存 7：2 个单位的信息组块。巴德利指出，组块虽然是一个单位名词，但具有动态概念，其信息量可做调整。[1]

长期记忆中所存在的知识结构存储方式主要有两种，一是以图式为基本单元，二是系统化的方式。图式不仅复杂而且具有自动化的特点，因此此对图式进行使用的时候，我们可以提取长时记忆中的工作记忆阶段，在此基础上进行信息的加工。

当在工作记忆中调取图式中的信息时，所调用的信息主要是作为组块的形式出现，需要对组块进行加工和处理。同样地，信息加工论认为，在学习过程中，个体会首先从外部环境中获取信息。这些信息会通过感官进入我们的短时记忆，随后被保存到长时记忆中。

在学习过程中，长时记忆扮演着核心的角色，只有对长时记忆的内容进行更改或补充，才能实现长期且有意义的学习。

二、认知负荷理论在日语教学中的应用

（一）认知负荷理论对教学设计的指导作用

1. 内在认知负荷的可变性

我们从所有的依托认知负荷理论的教学设计中可以发现，只有极少数的研究者提出通过关联元素的分离来实现内在认知负荷的降低，以及通过分层讲解、提供"先行组织者"或者是利用通道效应等方法来实现内在认知负荷的降低。他们将研究重点放在了对外在认知负荷的降低及关联负荷的提高上。内在认知负荷在教学实践中也是可以被调整的，其是可以变化的，即具备可变性。这一特性主要表现在两个方面，具体如下。

①学习材料具备可选择性。教师在实际的教学过程中，基于可选择的教学材料，可以选择不同的材料来进行教学，保证教学活动的顺利进行。为了降低学生的内在认知负荷，教师可以在对材料进行选择的时候，选择一些简单、编排科学合理及学生拥有相关背景知识的材料。当然教师也可以在课前提前为学生布置任务，通过设计具有条理性、科学性及层次性的教学来实现这一目标。

---

[1] 赵俊峰.解密学业负担：学习过程中的认知负荷研究[M].北京：科学出版社，2011.

②学生这一群体既具有可塑性，也具有多样性。由于学生在知识水平和学习能力方面存在差异，相同的学习目标和材料会对不同的学生造成不同程度的认知负荷。教师在进行教学设计的时候，应该在立足于学情分析的基础上，将学生普遍的认知能力作为基准来进行设计。在设计重难点的时候，应该考虑具有一定认知困难的学生，只有这样才能从整体上达到最佳的学习效果和教学效果。

2.外在认知负荷的可控性

对教学设计或呈现方式的优化可以减轻外部认知负担，这是认知负荷理论的观点。这也是当前我国学者对认知负荷理论进行研究的侧重点。要想降低外在认知负荷，就需要分步骤、分阶段地来进行。为了让学生有限的认知资源得到良好的运用，教师应该为学生提供一个知识框架，并且要实现对教学目标的分解，对于不需要进行补充的内容进行删除。

3.关联认知负荷与其他两种认知负荷的相关性

内在认知负荷和外在认知负荷与关联认知负荷有相关性。正如之前所提到的，学生的学习是一个不断变化、不断发展的过程，这个过程是动态的，需要不断积累。

随着学习的不断积累，我们会构建更多的图示和认知结构，图示的自动化也会因为关联认知负荷的不断增加变得更加迅速。这也就意味着我们需要更高的认知负荷才能处理更多的信息。如果我们研究的对象是一段时间的课程学习，那么可以看到，关联认知负荷在每次的学习活动中都会维持在较高的水平上，内在认知负荷在课程的后期会逐渐降低。

学生关联认知负荷水平的高低直接取决于其学习兴趣。因此，为了提高学生的关联认知负荷水平，我们可以采用丰富的手段来对学生的积极性进行激发。但是在实践中，应该把握好"丰富"的"度"，因为如果太过于"丰富"就会变得"冗余"，会起到相反的效果，会使得学生的外在认知负荷增加，进而挤占认知资源。

（二）认知负荷理论指导下的基础日语课程教学设计

1.基础日语课程在日语专业教学中的地位

作为高校日语专业的必修课程，基础日语课程旨在提高学生的日语综合运用能力，课程的基本授课对象是没有任何日语基础的学生。其他课程的顺利开展，直接依赖于基础日语课程。因此在日语专业教学中，基础日语课程起着至关重要的作用。基础日语课程中的教学内容涵盖领域非常广，包含语法、语音、翻译、句型、篇章等。此外，有些学生是初次接触日语，这就需要一个不断适应的过程。基于此，我们可以认为，从某种意义上来说，"基础日语"教学相较于"高级日语"教学更加困难，这也对任课教师有了更高的要求。之所以开展基础日语课程，主要原因在于使学生具有扎实的日语基本功，让学生拥有扎实的听、说、读、写、译的能力，这有利于之后高年级专业课程的学习。

截至 2022 年年底，已有 503 所院校为学生提供日语专业课程。除此之外，随着不断增多的语言学校和培训机构，在我国学习日语的人数不断增长。在我国，不论是英语教学理论还是英语教学方法的研究已经变得日趋成熟，相比较之下，日语教学研究还有很大的进步空间，需要学者进行不懈的努力。因为基础日语课程具有重要的地位和作用，基础日语教学的理论与方法也有重要的研究意义。

2. 认知负荷理论指导下的基础日语教学策略

笔者立足于认知负荷理论对在基础日语课程教学设计中其所具有的指导意义及具体实践应用进行研究。在当前我国教学改革的基础上，从我国日语专业基础日语课程的教学实践出发，采用多种手段，如思维导图、多媒体等，借助语言和图像两种编码形式来降低外在认知负荷，以此来提高相关认知负荷，进一步保证教学效率的提高。

若想降低认知负荷，最好选用适当的、系统的、科学的教材。目前在市面上有许多不同版本的基础日语课程教材，每一本教材都有不同的编写理念。有的教材重点在于拓宽知识覆盖面，目标更加发散，因此其信息量非常大，内容非常丰富，强调学生的自主学习及总结归纳，对于语法体系并不重视，没有系统性；有的教材重点在于对语法的讲解和分析，在内容的编排上非常系统，但是学生若将精力过多地集中于语法，会导致对其他的内容有所忽视，并且还非常容易让学生失去学习的兴趣和积极性；有的教材重点在于对练习的拓展，非常看重学生的主体地位，在讲解内容方面太过于简单，无法全面解决学生在实践中遇到的问题，不能让学生实现有效输入和输出。教师在对教材进行选择的时候，应该在了解多个版本的基础上，从本专业学生的实际出发，在明确学生的学习习惯和学习特点的前提下进行选择。这样可以最大限度从材料上降低学习难度，降低内在认知负荷，实现学生学习兴趣的提高，也有利于提高师生之间的配合度，进一步保证关联认知负荷的提高。

在确定了教材之后，教师还需要在课前、课中、课后三个阶段进行具体规划和设计，以进行教学设计。只有基于学生的认知规律才能进行有效的教学设计，这样才能有效降低内在认知负荷和外在认知负荷。

在课程开始之前，教师可以将预习任务布置给学生，这对学生建立课程内容框架有积极的作用，可以降低内在认知负荷。教师在开始上课之前，可以围绕单词应用和语法点布置预习任务，在预习中，让学生掌握重点词汇，并且对语法框架有所了解，这样可以在学习过程中降低内在认知负荷。不仅如此，学生在课前预习中所学习和掌握的知识会在课堂中得以输出和应用，这可以为学生带来非常多的获得感和成就感，这对于学生学习兴趣的提高非常有利，也有助于学生提高专注力，实现提高关联认知负荷的目的。通常认为，学习材料是决定内在认知负荷高低的主要因素。

在课堂学习中，重点是教学环节设计，并且知识点的导入是每个教学环节的第一步。只有在导入过程中，教师真正做到有意义的"导"，学生才容易掌握，才能"入"。基础日语课程具有丰富的课型，具有综合性，因此有着多样的导入形式和内容。为了激发学生的学习兴趣和积极性，教师可以采用纪录片、动漫视频、日本传统文化介绍、访谈报道、新闻等导入形式，选择学生感兴趣的内容。学生的学习兴趣与学生的认知资源的投入息息相关，会直接影响关联认知负荷。鉴于此，在教学环节中，首先需要对学生的学习兴趣进行激发，调动其参与课堂的积极性，提高参与度。

基础日语的学习很多时候是围绕词汇和语法句型的学习展开的。所要学习的词汇、语法句型等内容都属于学习材料本身，因此单词、句型的数量越多，内容越难，内在认知负荷就越高。为降低内在认知负荷，可以采取学习任务先"分"后"整"的策略。在词汇和语法教学中还要注意降低外在认知负荷，优化学习任务的设计与呈现方式。例如，在设计词汇教学时，宜将各种关联信息捆绑在一起呈现。例如，以《新编日语》（重排本）第一册第5课的单词为例。"としょしつ（図書室）""えつらんしつ（閲覧室）""きょうしつ（教室）"这三个单词，都有一个共同的日汉字"室"，因此进行讲解时可以放在一起讲，这样学生只要记住"図書""閲覧""教"的日语读音，就很容易记住这三个单词。通过将各种关联信息捆绑在一起呈现，不仅降低了学生的外在认知负荷，同时也大大提高了学习效率。除此之外，中日两国汉字在读音、字形、字义等方面有很多相似之处。日语汉字的读音有"音读"和"训读"，其中"音读"即汉字在日语中按照日语对汉语的译音进行发音。日语汉字词在字形、字义上大体可以分为同形同义词、同形近义词、同形异义词、非同形词四种情况。通过以上不难看出，汉语对日语产生了深远的影响，而且日语词汇中汉字词占有很大的比例。因此，以汉语为母语的学生学习日语有着得天独厚的优势，应充分利用母语的正迁移现象，提高学习效率。教师在教学设计中应认真总结并引导学生发现并灵活掌握日语汉字词在读音、字形、字义方面所表现出的规律，从而使词汇学习获得事半功倍的效果。

在基础日语课程的拓展训练环节，主要强调的是输出的练习，为了帮助学生更加有效地学习，教师可以为他们提供相关的支撑材料和框架，以对话练习和演讲发表等形式来提升他们的技能水平，从而提高学习效率。课后作业有着同等重要的地位，有效的课后复习和练习可以帮助学生形成"图式"，通过不断积累提高内在认知负荷，从而促进学习。与此同时，在基础日语阶段，课后作业也会包含机械操练部分，如背诵、记忆等。也就是说针对不同的学习内容，应采取不同的学习方法和练习方式。而日语初级阶段的学生往往对此比较困惑，容易出现因学习方法不当而学习效率低的局面。因此，在这一阶段，教师应该辅助和帮助学生发现和寻找与自身相适应的学习方法，教师不能仅仅将知识灌输给学生。

总的来说，认知负荷理论可用于指导教学设计、提升教学效果，同时提高学习效率和成绩。这一理论指导着实际教学，并启发了教学实践。本部分基于认知负荷理论研究了基础日语教学策略，并且针对教学设计的各个环节给出了指导建议。如何降低内在认知负荷和外在认知负荷，同时提高关联认知负荷是日语教师在教学实践过程中将持续探讨和摸索的课题。在研究中，我们发现，建构主义的学习观与认知负荷理论的要求之间存在相互制约的关系，因此，在实际的实施中应该掌握好"度"，这个"度"如何掌握，还需要在教学实践过程中一步一步去探索和总结。

第三节　建构主义理论与应用

一、建构主义理论概述

（一）建构主义理论的相关认知

建构主义理论认为，学习不仅仅是被动地接收信息，而是主动地重构和创造知识。将建构主义理论与日语词汇教学相结合，可以提高教学效率，同时培养学生的自主学习能力。在这种教学模式下，教师不再是知识的传递者，而是引导者，引导学生在自己的认知基础上，形成对日语词汇的新理解。这样的教学方法既能激发学生的学习兴趣，又能提高他们的学习效果。更为重要的是，这种教学模式为学生的未来发展奠定了基础。在不断探索、重构知识的过程中，他们培养了自主学习的能力，提升了创新思维的水平，为应对未来社会的挑战做好了准备。

1.建构主义学习理论

建构主义学习理论旨在理解学习的本质，即如何在个体认知过程中构建意义、形成概念，并创设有利于学习的环境。这一理论强调个体在学习过程中的主动参与、积极探索，以及对外部信息进行加工、整合和创造的能力。通过深入研究认知规律，建构主义学习理论为教育实践提供了有益的指导，有助于优化教学策略、提升教学质量。

（1）理论来源

建构主义学习理论是指在建构主义观点指导下形成的较为有效的认知学习理论，如今已经越发成熟和完善。建构主义起源于儿童认知发展理论，该理论认为在学习过程中学习者是信息的主要加工方[1]。

让·皮亚杰（Jean Piaget）作为认知发展理论的代表人物，认为儿童是在与周围环境相互作用的过程中去感知和认识世界的，在认识世界时主要采取两种方式：同化和顺应。同化是指当外界发生变化，儿童现有的认知结构能够接受新的事物时，新的知识就被整合到本身的认知结构中，此时认知结构的形式没有发生改变，是一个逐渐产生量变的过程；顺应是指当外界发生变化，儿童现有的认知结构不能接受新的事物时，儿童就应当改变现有的认知结构，此时认知结构发生了质的变化[2]。

维果茨基（Vygotsky）就认知发展研究提出"最近发展区"观点，他认为在学生的现有水平与更高一级的发展水平之间存在着差距，两者间的差异就是最近发展区。在这种情况下可以通过教学来激发学生的潜能，使学生跨越这个差距，进入更高的发展水平。在教学过程中，教师可以通过搭建"脚手架"来帮助学习者跨越差距，向更高的认知水平攀登。此理论对建构主义下支架式教学法的形成产生了影响[3]。

---

[1] 李柏令.建构主义学习理论与对外汉语教学 [J].云南师范大学学报（对外汉语教学与研究版），2003，1（4）：49-53.
[2] 皮亚杰.结构主义 [M].北京：商务印书馆，1984.
[3] 列夫.维果茨基.社会中的心智：高级心理过程的发展 [M].麻彦坤，译.北京：北京师范大学出版社，2018.

这些理论的共同特点在于，它们关注学习者在学习过程中的积极作用，高度重视学习者的主体地位。这种观点与建构主义学习理论的理念紧密相连，建构主义学习理论同样强调学习者在知识获取过程中的主动参与和自主建构。

（2）主要观点

传统的教学模式往往过于强调教师的作用，忽视了学习者的主动性和主体性。而建构主义学习理论则强调，学习过程应该是一个积极主动的过程，学习者在这个过程中起着至关重要的作用。他们不是被动地接受知识，而是主动地构建知识体系。

这一理论对教学设计提出了新的要求。教师需要创设有利于学习者主动学习的环境，引导他们通过自己的探索和思考来构建知识。在这个过程中，教师的角色更像是引导者、协助者，而非知识的传递者。

2. 建构主义理论的特点

建构主义是一种理论，起源于皮亚杰的认知主义，涵盖了哲学、心理学、社会学和教育学等多个学科。这个理论不仅关于学习和知识的生成，而且在教育领域产生了深远的影响。

建构主义理论主张，学习者应当在教师的引导下，积极探索、主动构建知识体系。这种理论强调学习者的独立性，认为他们能在教学过程中自主地分析问题、解决问题，从而培养出较强的思维能力。在此基础上，教育者应注重激发学习者的兴趣，鼓励他们勇于提问、敢于创新，以实现教育的最终目标。

建构主义理论具有以下特点：

①以学习者为中心，为学习者提供探索和发现的机会。
②提供各种真实的学习资源。
③教师扮演指导员、监督者、促进者、教练、导师等角色。
④学习者可以通过小组讨论、合作学习和自主学习来建构知识。
⑤专注于解决问题，培养学习者的思考能力。
⑥必要时提供"脚手架"。
⑦考核是真实的，是与教学相结合的。

建构主义理论认为，课堂教育并非教师单纯地向学生传授知识，而是学生在教师的引导下自我构建知识体系的过程。在这个过程中，教师扮演着多重角色，如组织者、引导者、推动者、指导者和监管者等，他们在学生自我构建的过程中发挥着关键作用，确保学生能够在探索知识的道路上获得必要的支持和指导。

①教师在设计任务时要对教材和学习者进行分析。
②教师应根据学习者设计任务。
③教师应激发学习者的兴趣，引导学习者主动建构知识。
④教师应鼓励学习者提出自己的观点。
⑤教师应保护学习者的好奇心。
⑥教师应给予学习者实际的指导，帮助他们自己解决问题。

（二）建构主义理论影响下的教学课堂

1. 基于建构主义理论的教学设计原则

①建构主义理论强调，教学设计应以学习者的需求、兴趣和能力为出发点，从而实现有效的教学。教育之道，在于培养学习者主动探索的精神，为学习者提供实践机会以锻炼问题解决能力，最终实现自我提升。教师应引领学习者走向这条道路，帮助他们充分利用所学，用客观的眼光审视世界。在实践过程中，学习者可以找到自我价值，并通过自我反馈不断完善自我。

②通过互动，学习者能够更好地构建和理解学习内容。在课堂教学过程中，教师有责任组织学习者形成合作学习的小组，让他们在互动中分享见解、交流思想。在这样的学习环境中，每个人的知识都能为整个小组所共有，从而促进大家一起进步。教师在此过程中起到关键的引导作用，激发学习者的积极性，让他们充分参与到协作学习中。

③对于建构主义者来说，一个良好的学习环境应该允许学习者在其中自由探索，这意味着需要提供足够的空间和资源，让学习者可以根据自己的兴趣和需求进行尝试。此外，建构主义理论认为，知识不是被动接受的，而是学习者在主动探索和构建过程中形成的。因此，在优化学习环境时，教师要关注学习者的主动性和积极性，激发他们的学习兴趣，帮助他们建立有效的学习策略。这样，学习者才能在良好的教学环境中不断提高自己的学习效果。

④强调学习过程的最终目的是完成意义建构。建构主义理论强调为学习者搭建一个有利于他们自主探索和合作学习的环境，让他们在这个环境中积极地建构自己的知识体系。这种教学模式将学习者的意义建构视为学习的最终目标，因此，教师的角色不再是传递知识，而是引导和协助学习者完成知识的意义建构。在这个过程中，教师需要精心设计教学活动，确保它们能够促进学生的意义建构。

2. 基于建构主义理论的教学方法

教师可分为三类：解释者、参与者和促成者。他们对教学方式和理解程度各不相同。第一类教师，他们的理解有限，主要通过解释或讲授来传授知识。第二类教师对主题有深入的理解，能够引导学生参与活动。第三类教师则更进一步，他们对学生的思考和感受有深入的认识。根据建构主义理论原则，第三类教师被视为最优选择，因为他们能够更好地引导学生。

在现代教育理念中，教学过程中师生之间的平等地位和合作关系备受重视。建构主义理论强调教师在学生知识建构过程中的外部指导作用，以及学生个体的自我发展。为了实现这一目标，教师的角色发生了深刻的变化，他们不再仅仅是知识的传递者，而是成为组织、引导、协助和促进学生知识建构的导师。

教师的角色是为学生提供元认知工具和心理测量工具，引导他们运用认知加工策略，积极地建构知识。学生则需要成为知识的积极参与者，采用新的学习方式和认知处理策略，去探索和发现知识的意义。为了实现这一目标，教师需要营造一个优良的学习环境，让学生在自主实验、探索、合作和研究的过程中，完成任务并深入理解问题。

传统的教育评价方式过于注重结果，而忽视了学习过程中的诊断与反思。这种方式容易导致学生在面对困难时，缺乏自主解决问题的能力。而在新的评价体系中，学生被鼓励在学习的道路上不断自我审视，找出自己的不足，并通过反思调整学习策略，从而实现自我提升。

教学模式基于建构主义理论，其核心在于激发学生的学习热情，让他们在教师的引导下，通过创设情境等，主动、积极地探索知识，从而实现对所学知识的有效建构。在这个过程中，教师的角色发生了转变，他们既是组织者，又是帮助者和促进者。

下面给出以下3种教学模式。

（1）支架式教学

支架式教学起源于苏联心理学家维果茨基的"最近发展区"理论。该理论强调通过设计适应学生需求的概念框架，引导他们深入理解知识。这个框架也被称为"脚手架"，就像一座桥梁，帮助学生的智力从一个层次提升到另一个层次，促进他们的发展。在这个过程中，教师需要提前分解复杂的学习任务，以便让学生逐步深入理解。这种教学方法的核心理念是，通过搭建这座"脚手架"，帮助学生跨越自身的"最近发展区"，实现智力水平的提升，从而更好地理解和掌握知识。

支架式教学主要包含四个环节：效果评估、合作学习、独立探索和搭建脚手架。首先，在效果评估环节，教师需要对学生的学习成果进行评估，以了解他们的学习状况。其次，在合作学习环节，教师要引导学生进入特定的问题情境。在这个环节，教师要激发学生的兴趣，让他们积极参与到学习中。再次，在独立探索环节，学生要分析给定概念的属性，并对其进行排序。这个过程有助于培养学生的思维能力和自主学习能力。最后，在搭建脚手架环节，教师要为学生提供学习支持。在这个环节中，教师要根据学生的需求，为他们提供适当的帮助，以便学生能够更好地理解和掌握知识。

在探索的初始阶段，教师要先引导学生接触并了解与之相关的概念，以此激发学生思考。接着，教师应让学生对这些概念进行分析，以便更深入地理解和学习。在探索的过程中，教师扮演着一位适时引导、逐渐减少支持的智者的角色，旨在培养学生的独立探索能力。在教学的最后阶段，教师可以引导学生进行交流，使复杂情况变得更加清晰明了。这样的教学方法旨在促进学生深度探索，提高他们的思考和理解能力。

（2）抛锚式教学

建构主义主张学生应在现实环境中探索、体验，以自我理解为基石，构建知识体系。这种方式强调个体对知识的主动建构过程，而非单纯地接受他人的经验。通过亲身体验，学生能更好地认识事物的本质规律，以及自身在其他事物中的角色，从而使知识更具意义和价值。

抛锚式教学的目标是通过在真实环境中实践，引导学生主动学习。在这种教学模式下，学生不再是被动的知识接受者，而是主动的知识探索者。通过亲身实践，学生可以更好地理解和掌握知识，从而提高他们的自主学习能力。同时，抛锚式教学鼓励学生在与同伴的互动中思考问题、解决问题，这有助于培养他们的团队合作精神和创新思维。

教学应围绕真实事件或问题展开，以此为教学的锚点。一旦确定了具体的事物或问题，教学内容和过程便得以明确，如同船只被稳固地固定。

抛锚式教学包含如下五部分：

第一，创设实际情境，使学习内容更具针对性。让学生身临其境地感受知识应用的场景，从而提高学习的趣味性和实际意义。

第二，提出真实问题，让学生在解决问题的过程中，深入探讨学习主题。通过自主选择问题，激发学生的学习兴趣和动力，使他们更加投入地参与学习。

第三，在教师的引导下，学生独立解决问题。教师提供必要的信息和资源支持，培养学生独立思考、主动探究的能力。

第四，合作学习。通过让学生相互交流和讨论，增进对学习内容的理解。

第五，效果评价。鉴于实际教学情况要求学生解决实际问题，使学习过程成为解决问题的过程，从而直观地展现学生的学习效果。

（3）随机存取教学

随机存取教学强调的是学生的主动性和探索性，它鼓励学生以自己的方式去理解和学习教学内容。这种教学模式克服了传统教育方式的弊端，让学习变得更加生动、有趣，同时也更有效地促进了学生的思维发展。

认知弹性理论认为，学生在接受知识时，需要具备一定的认知弹性，即能够在不确定的环境中调整和适应自己的认知结构。随机存取教学正是基于这一理念，通过调整教学内容和方式，使学生不断拓宽自己的认知边界，从而提高理解力和知识迁移能力。

换言之，学生要全面深入地理解事物的内在本质，从不同角度思考，以获得多元理解。为此，教师应根据不同的场合、时间、目的和方式进行教学，以帮助学生构建丰富的认知结构。这就要求教师在教学中灵活调整策略，引导学生从多角度审视所学内容，从而使学生更好地理解和掌握知识。

随机存取教学包含如下四部分：

第一，介绍基本情况，展示研究主题的相关背景。教师需简洁明了地阐述与此主题相关的事件、现象和关键因素，为学生提供足够的信息，以便他们能更好地理解后续的分析和建议。

第二，随机学习环节。教师在此环节中，应创设与当前课题相关的情境，以此培养学生的自主学习能力，帮助他们逐步掌握独立学习的方法。

第三，开展合作学习。通过开展合作学习，学生不仅可以分享自己的看法，还可以倾听他人的想法。这种互动方式有助于培养学生的批判性思维、沟通能力和团队合作精神，使他们能够在相互尊重和理解的前提下，探索知识、拓宽视野。

第四，评估学习效果。评估可分为自我评估和群体评估两大类。通过对学习效果进行评估，更好地了解学生的学习情况。

二、建构主义理论在日语教学中的应用

近年来，我国掀起了日语口译学习热潮。我国日语口译教学正逐步从传统的教师主导模式转向注重学生主体性、开放性和互动性的教学方式。借助建构主义

理论，教师和学生共同构建知识体系，激发学生的主动性和创造性，从而提高他们的口译水平。这种教学模式不仅有助于提升学生的口译能力，还有助于培养学生的跨文化交际能力。

建构主义理论在日语教学中的应用，从教学氛围营造、学习模式改进、教学形式及评价形式改革等方面，对高校日语口译教学进行了改进和优化，以提高学生的口语表达能力，培养具备实际应用能力的日语人才。

（一）引导学生主动建构学习内容

确切地说，学生只有沉浸在真实的语境中，才能达到翻译学习的理想效果。因此，创造接近实际的口语环境有助于提高教学质量。

教师可以指导学生准备口译素材，扩大学生的知识领域，提升自学能力，同时激发他们的学习热情，弥补教学内容的不足。这种方法有助于拓宽学生的视野，增强他们的自主学习能力，使课堂教学更加高效。通过这种方式，教师可以更好地引导和激发学生的学习兴趣，提高他们的口译技能，从而提升整体的教学质量。

（二）注重学生的主动性和参与性合作

在口译学习的环境中，语言表达是关键。为了实现这一目标，教师需要搭建一个适合学生学习的大型语言模型平台。这个平台要能够根据学生的实际水平进行分组，让他们在小组中共同参与口译练习。通过这种方式，学生可以互相学习、互相帮助，从而提高各自的口译技能。

口译学习中的小组合作可以分为组内和组间。组内合作指的是同一小组内的学生相互配合，共同完成口译任务；而组间合作则是不同小组之间进行竞争或合作，共同提高口译水平。组内合作和组间合作在课堂教学中都发挥着重要作用。组内合作有助于提高学生的参与度，而组间合作则有助于培养学生的社交能力和团队精神。通过运用这两种合作方式，教师可以更好地开展工作，提升学生的学习效果。

教师可以设计各种有趣的实践活动，让每个小组在提供的资料中寻找答案，并通过互动交流来获取新的知识。教师还可以结合当前热点或学生感兴趣的剧本，设计富有挑战性和趣味性的任务。通过项目式和任务式的教学方法，引导学生积极参与，锻炼他们的口译能力。同时，教师还要打造一个良好的交流平台，让学生在实践中提高口译效果，从而进一步激发学习热情。在这个过程中，学生的逻辑思维和应变能力也将得到锻炼和提升。

（三）突出学生的主体地位

如今，我国很多高校都在致力于实施"以学生为中心"的教学改革。这种改革模式强调，教学过程应当以满足学生需求为核心目标。为了实现这一目标，教师需要与学生进行高效互动，深入了解学生在学习过程中的实际情况。在互动式教学模式下，双向沟通至关重要。提问作为加强互动的关键步骤，能够帮助教师与学生展开更深入的交流。通过提问，教师可以了解学生的思考方式、掌握程度及学习需求，从而有针对性地调整教学策略。此外，教师还可以运用多种方法，如游戏、讨论等，在课堂上与学生进行更多的互动，激发学生的学习兴趣和积极性。

在教学过程中，关注学生的反应和游戏参与度至关重要。这些指标能够反映学生在课堂上的学习状况，帮助教师及时了解学生的需求和困惑。通过对这些数据的分析，教师可以有针对性地调整教学进度和方法，使之更加符合学生的实际需求。此外，强调学生的主体地位也有助于提高他们的学习能力。当学生感受到自己在课堂上的重要性时，他们会更加积极地投入学习中，主动获得知识和技能。

（四）对学生进行更客观全面的评价

评价学习效果是一项复杂而全面的工作，它需要教师综合考虑学生的态度、表现、参与程度和合作贡献等多个方面，同时采用多元化评价方法，实现对学生日语口译学习效果的客观、全面评价。

第四节　元认知理论与应用

一、元认知理论概述

（一）元认知概念的界定

元认知的概念起源于"记忆的记忆"的研究，由美国发展心理学家的约翰·弗拉维尔（John Hurley Flavell）最先提出。元认知一方面指个体关于自己的认知过程、结果及任何相关事物的知识，另一方面则指个体对自己认知过程的主动监控及对各个过程的协调。后来将元认知概括为"个体对自己认知状态和过程的意识和调节"。可见，元认知是认知主体对自身心理状态、能力、认知目标、认知策略方面的认知，也就是对认知的认知。元认知包括元认知知识、元认知体验和元认知监控。[1]

（二）元认知理论的结构

在元认知理论的结构问题上，研究者的观点并不完全一致。弗拉维尔将元认知理论划分为两大核心部分：一是元认知知识；二是元认知体验。

元认知知识，关乎我们自身，也关乎我们所面临的任务、目标、活动及经验，它是我们对自身认知过程的领悟和认识。元认知体验是指在进行智力活动时，我们能有意识地感受到的认知和情感。美国心理学家罗杰·布朗（Roger Brown）的元认知理论主要由两部分构成，一是"关于认知的知识"，二是"认知的调节"，旨在帮助我们更好地理解和管理认知过程，从而提升认知能力。

认知知识是关于自我认知能力和学习环境的理解，而认知调节是在解决问题过程中采用的策略性调控。这两者密切相关，认知知识可以帮助学生更好地进行认知调节，从而更有效地解决问题。在学习过程中，学生了解自己的认知能力和环境资源，以及运用适当的调节策略，这对提高学习效果至关重要。

概括来说，元认知理论主要涵盖三个关键部分：元认知知识、元认知体验和元认知监控。这三个部分相互交织，共同构成我们对自身认知过程的全面理解。

1. 元认知知识

元认知知识就是有关认知的知识，即人们对于什么因素影响人的认知活动的过程与结果、这些因素是如何起作用的等问题的认知。它包括以下三个方面的知识。

一是有关认知主体方面的知识，即有关人作为认知加工者的一切特征的知识，可以细分为以下两点。①对个体内差异的认识。例如，能正确认识自己的兴趣、能力水平、学习特点以及自己在学习特定内容时的限度，知道自己在哪方面能力比较强，等等。②对个体间差异的认识。例如，能认识到他人认知能力的特点，认识到自己与他人的差异，等等。

二是有关在认知材料、认知任务等方面的知识，主体认识到材料的性质、顺序、熟悉度、逻辑特点、主观方式等制约其认知活动的进展和结果。另外，在认知目标、要求方面，不同认知任务的目标和要求是不同的。

三是有关认知活动中的策略知识，是指认知主体在完成认知任务时所需的相关知识，以提高认知活动的效率。它涉及多种方法和技巧，如确定认知目标、选

---

[1] 张雅明.元认知发展与教学：学习中的自我监控与调节[M].合肥：安徽教育出版社，2012.

择合适的方法和工具、知道每种策略的优点和缺点、懂得怎样使用这些策略等。有关认知主体的、认知任务的、认知策略的三方面的知识组成了认知主体的元认知知识结构。

2. 元认知体验

元认知体验是指在参与认知活动过程中，主体所获得的认知和情感体验。这些体验可能被主体明确感知，也可能是潜意识中的感受，既包括对已知体验的反映，也包括未知的体验。

元认知体验分为以下三个阶段。

初级阶段：这个阶段主要涉及对任务的熟悉程度、任务难度及对完成目标是否有信心。在这个过程中，个体逐渐了解任务要求，明确自己的能力，并对完成目标产生信心或感到有压力。

中级阶段：这个阶段主要涉及对当前工作进展的体验，以及面临困难或遇到障碍的体验。在此阶段，个体进行实际操作，不断调整策略，以推进任务的完成。

高级阶段：这个阶段关注目标是否完成、认知过程的效率，以及相关主体的体验。在此阶段，个体对认知过程进行总结和反思，评估目标的实现程度、认知策略的有效性，以及任务过程中的情感体验。这三个阶段并非独立发展，而是相互交织、不断反馈的过程。

3. 元认知监控

元认知监控是一种认知活动，在此活动中，个体将自身的思维过程作为意识对象，主动且持续地对其进行监视、控制和调整。主要包括以下4个方面。

①制订计划。在开展认知活动前，要为实现目标而构思各种解决方案，并评估其效用。要选择最有效的策略，制订最合理的计划。

②执行控制。在实现活动目标的过程中，要实时监控、评估和反馈认知活动的执行情况。一旦发现不足，迅速调整和优化认知策略。

③检查结果。在认知活动中这是一个至关重要的环节。它不仅包括对所采取的认知行动和策略的有效性进行评估，还包括根据预定的认知目标来衡量实际成果。这个过程要求我们客观地分析自己在达到认知目标方面的表现，以便能够正确地了解自己的水平和能力。

④采取补救措施。在认知活动中遇到问题时，要根据反馈结果及时采取补救措施，以纠正失误。

在实际的认知活动中,元认知知识、元认知体验和元认知监控紧密相连,相互影响,相互制约,共同构建了一个开放动态的系统。这三者相互协作,让主体在认知活动中具备了较强的自我意识和调节能力。

具体来说,主体所拥有的各种元认知知识,有利于主体在认知活动中对活动过程进行实时监控,指导认知主体通过元认知监控这个具体的操作过程自觉有效地选择、评价、修改认知策略。同样,它也能引起人们在整个活动过程中的各种各样的元认知体验,在生活中所积累的元认知知识(对自身认知过程的了解)会影响对现实世界中各种事物的理解和体验。而在这个过程中,对这些事物的体验又会反过来丰富认知主体的元认知知识,使其更加完善和全面。这种相互影响的关系使得认知主体在面对新问题时,能够更快地理解和适应,从而提高认知能力和解决问题的效率。而元认知体验有利于进行有效的元认知监控,对其产生动力性的影响。

元认知监控制约着元认知知识水平,可以不断检验修正相关的元认知知识,使主体所具有的元认知知识结构更加完善;元认知监控的每个具体步骤制约着元认知体验的产生。在元认知理论中,元认知监控、元认知体验和元认知知识共同构成了三大支柱。在这个理论体系中,语用学的一些重要理论,如语境、言语行为理论和关联理论等,对于翻译教学具有关键作用。教师在翻译教学过程中,肩负着传授翻译理论和技巧的职责。为了给学生带来全新的翻译视角和方法,教师有义务将语用学相关理论融入教学活动。

在课堂上,教师以实践翻译为基础,让学生亲自动手翻译,从而培养他们的语用翻译思维。在此过程中,教师关注学生的翻译成果,并通过点评修正的方式,引导他们从语境出发,更好地把握原文并完成翻译。此外,教师还教导学生运用已掌握的词汇、语法、文化等知识,寻找关联,使翻译更加灵活。在实践过程中,学生学会灵活运用语用翻译技巧,以实现语用等效。这种教学方法旨在帮助学生在翻译过程中更好地理解和传达原文的含义,提高翻译质量。

(三)元认知的培养

教学活动涵盖多种认知过程,国外大量元认知研究显示,元认知在语言理解、写作、记忆、注意、问题解决及自我学习等方面具有关键作用。元认知的培养包括以下3个方面。

1. 完善元认知知识

完善学生的元认知知识主要从以下3个途径入手。

①提高学生对认知特点的认识，并增强自我认知意识。教师在教学过程中要有意识地引导，帮助学生掌握多种学习方法，深入了解其认知特点，从而帮助学生选择最适合的学习方式。

②提高学生对学习任务的影响因素的认识，如了解任务性质、特点和要求，有助于学生合理地安排时间。

③提高学生的认知策略水平。认知策略是一种学习技巧，可以帮助学生更有效地获取、处理和运用知识。掌握这些策略的学生能够更好地理解知识，将其应用于各种情境中，展现出强大的适应能力。在学习过程中的各个阶段，认知策略都能发挥重要作用，帮助学生取得更好的学习效果。认知策略涵盖了学生在学习过程中的各个方面，包括获取知识、处理信息和应用所学。这些策略有助于学生更好地适应不同的学习环境，提高学习效率。在学习的各个阶段，认知策略都能发挥作用，使学生能够更快地掌握知识，提高学习效果。

2. 丰富元认知体验

教师应着力于引导学生在学习过程中积累丰富的元认知体验，这将有助于他们深化对任务目标的理解，并在不断尝试和反思中形成适合自己的元认知知识和策略。在这个过程中，教师要善于运用各种教学手段，营造积极向上的学习氛围，让学生在愉悦的情感状态下投入学习中。这样，学生在积累元认知体验的同时，也能享受到学习带来的成就感，从而提高他们的学习效果。

3. 提高元认知监控能力

要提升学生的元认知监控能力，教师需要从两个方面着手：一是强化个体内部的反馈机制，二是优化外部环境，为学生营造有利于元认知发展的学习氛围。这样，在外部环境的影响下，可以更好地发挥内部反馈机制的作用，从而提高学生的元认知水平。

二、元认知理论在日语教学中的应用

日语教学中经常会使用元认知理论，下面以日语初级听力教学为例对元认知理论在日语教学中的应用进行介绍。

（一）元认知理论的指导意义

元认知理论是指人对自己认知活动的自我意识和自我控制，它包括元认知知识、元认知体验和元认知监控三个部分，这三者有机地结合在一起，以确保认知过程的执行，并选择有效的认知策略来控制、指导和调节认知过程。

听力理解是一个有目的、积极主动的过程，旨在捕捉关键信息。在这个过程中，个体需要对输入的语言信息进行解码、加工、意义重构，并将其输出。主体的积极参与在这一过程中发挥着至关重要的作用。只有通过主动参与，我们才能有效地理解所听到的内容，从而达到听力理解的目标。听力理解不仅要求我们具备聆听技巧，还需要我们在解码、加工、重构和输出信息时保持积极主动的态度。

作为一名语言教师，传授语言技能固然重要，但培养学生的倾听和学习能力，以及引导他们形成正确的思维习惯和策略，以帮助他们合理规划、监控和评估学习过程更为关键。特别是在初级阶段，如日语听力教学，元认知理论的指导作用尤为突出。

（二）教学流程设计

教学模式的选择直接改变了教学的流程和行为规范，因为它背后的逻辑步骤和操作程序与教师的教学理念紧密相连。这些教学模式不是孤立的，它们都建立在特定的理论基础上，这些理论为教师提供了指导，帮助教师更好地规划和实施教学。教师的教学理念是教学模式的基础，它决定了教师如何看待和理解教学过程。教学模式则是这些理念的具象化，它们为教师提供了一种结构化的方法来组织和实施教学。

1. 课前准备

课前准备是教学过程中的重要环节，它像一条纽带，将教师、学生和教学内容紧密连接在一起。教师需要深度剖析学生的听力理解能力，了解他们在知识掌握程度上的差异，同时探讨他们的学习方法。这样的深度剖析能为教师提供丰富的信息，使课程设计更具针对性。通过细致的课前准备，教师能够为学生提供更好的学习体验，帮助他们更有效地掌握知识，提升学习能力。

此外，教师需要对课程内容进行深入分析，以保证课程难度适中，符合学生的认知水平和知识结构。教师还需要明确教学目标，激发学生的学习积极性，并帮助他们制订短期目标。

2. 过程指导

教学过程中的过程指导阶段，也就是我们常说的执行阶段，是对学生学习效果的重要检验。这个阶段并不只是简单的课堂提问检查，而是教师针对学生课前准备情况的精准指导。在这个过程中，学生按照自定的学习计划进行学习，有意识地自我监控，从而在一定程度上减轻了教师的课堂教学压力。这个过程为教师观察和监测学生的学习情况提供了机会，使得教师能够根据学生的实际需求进行分层讲解和教学。

教师在实践中主要指导学生解决学习难题，教授语音识别、词义猜测、逻辑推理和图解速记等听力理解策略。他们的角色是引导学生在课堂上正确运用这些策略，并进行有效的自我调节与监控。

3. 课后评估

在教学结束后，引导学生对每节课的学习内容进行反思和评估是至关重要的环节。这不仅关乎教学目标能否得以实现，也是衡量教学效果的关键环节。在这个环节中，教师需要引导学生主动回顾自己的学习过程，包括审视是否达到初始学习目标、听力策略运用是否得当，以及在本次课程中是否存在学习问题等，为接下来的学习做好充分的准备。教师在此过程中扮演的角色至关重要，他们需要成为学生的引导者和推动者，帮助他们在自我反思中找到自己的优点和不足。通过分析问题，找出解决办法，并协助学生制订实际可行的学习计划。这样，学生才能在学习的道路上不断前进，实现个人成长和教学目标的达成。

（三）教学实施细节及问题分析

元认知理论对学生自主学习和教师授课与管理提出了高要求。除开展基本教学外，可采用以下辅助策略。

1. 建立"听力日记"，辅助学习

为了实现积极有效的课后管理和全面控制，教学要求学生每天至少进行30分钟的听力训练。在完成训练后，学生需要对自己的学习情况进行自我分析和评价，包括评估完成度、识别问题、找出薄弱环节及制定改进措施。通过这种方式，学生可以形成一份"听力日记"，教师则可以实时监控学生的学习进度。

2. 激发学生的学习兴趣

克服恐惧、激发兴趣是语音听力训练的核心。对于初学日语的大一新生来说，在听力学习初期可能会遭遇诸多困扰，如语速快、发音弱化、吞音、音变等现象，这些都可能让他们感到害怕、紧张和疲惫。要解决这些问题，教师必须遵循认知发展规律，缓解学生的焦虑，营造愉快的学习氛围。教师在此过程中应引导学生选择他们感兴趣的内容进行听力训练，并将任务目标设定为听准发音和记录已学

词汇。这样，学生就能在轻松的环境中逐步度过语音阶段。通过这种方式，不仅可以让学生克服恐惧，还能激发他们对日语学习的热情，为未来的深入学习打下坚实的基础。

3. 帮助学生积累语言知识

在基础听力训练阶段，教师要重视培养学生的元认知意识和激发主观能动性，同时关注学生的完成情况。教师应提前做好准备，包括整理生词、句型、知识背景和听力要点，并将这些资料发给学生。教师要指导学生根据自身的实际情况，制订合适的学习计划并调整进度。通过开展随堂小考，教师可以及时了解学生的跟读练习效果。此外，教师要持续关注和指导，直至学生养成良好的学习态度和习惯。

4. 指导听力策略

在学生的"听力日记"中，通常存在以下三个问题。首先，学生往往抱怨语速过快，导致无法听清每一个单词。其次，学生在听到一部分内容后，若未听到全部，就会觉得难以理解句意。最后，遇到未学过的单词会使他们丧失理解能力。为了帮助学生克服这些问题，教师需要引导他们适应听力中的不清、不全、不懂的情况，从而消除他们的完美主义心态。

教师致力于帮助学生掌握并熟练运用从语流中提炼关键信息，并通过分析语境等手段推断内容大意的策略。这个过程需要学生具备较强的逻辑思维和理解能力，而教师的角色就是引导和培养他们在这方面的能力。

（四）教学效果评价

首先，根据教学大纲的要求及学生日常的学习情况，将课程目标设定为以下6点。

①培养学生的日语听觉分辨能力，能识别清音、浊音、促音、拗音、长音和多音节组合等声音符号。同时，需要掌握日语语音的弱化、无声化规律，并理解常见的语音变化现象。

②培养学生在语流中识别单词、辨别同音词和同义词的能力。

③培养学生的听力理解能力，在情境对话中，能根据上下文的逻辑关系和思路的脉络猜出没听懂或没听清的词和词组的意思。

④培养学生迅速捕捉重点内容、提取关键信息的能力，理解整段会话语言表达的大意，理解内容不低于70%。

⑤培养学生的速记和概括能力，能以较快的速度大致记录所听的内容，能将所听的话题和内容大致复述出来。

⑥使学生在提高听力能力的基础上，逐步养成用日语思考和表达的习惯。

在设计考试题型时，要充分关注学生的整体倾向和个体差异。题目涵盖了假名识别、听写单词、关键信息填空、原文填空、问题概括回答及听写句子等多种形式。这些题型旨在全面评估学生在日语基础语音和知识方面的掌握程度，同时进一步测试他们的分析、推理和概括等综合能力。通过这些多样化的题型，不仅能准确分析学生在语音和基础知识方面的学习效果，还能有效检测他们在分析问题、推理等方面的能力。这种综合考核方式有助于全面了解学生的学习状况，为教学提供有力支持。同时，它也为学生提供了展示自己多元技能的平台，激发他们学习的积极性和兴趣。

第三章 日语多维教学体系构建

日语教学体系往往发挥着重要作用，本章介绍日语多维教学体系构建，分别从多元化教学目标、立体化教材与数字教学资源建设、多样化教学内容、多维化教学评价体系四个方面进行介绍。

第一节 多元化教学目标

任何一种教学活动都是在一定的目标体系指引下进行的。日语教学论对日语教学的内容体系做了明确规定，但是内容教学还是以知识和技能为根本。

按照现代教育观念的要求，在学科教学中不仅要使学生获取知识、掌握技能，还要从学生的能力素养和情感、态度、价值观的角度，提出相应的能力目标和情感目标。

一、日语教学的多元化目标内容分析

目前我国的日语教育是以大中专院校的日语教育为中心开展的，基础教育中的日语教学不占据日语教育的主导地位。而在大中专院校的日语教育（包括日语专业）中，由于"零起点"学习者居多，专业的日语教育是从基础阶段教学和高级阶段教学两个层面开展的。

高等院校日语专业课由于受学校性质、学科培养目标等的限制，其专业课、必修课、选修课的划分各有特点，开设课程的门类不同，课程名称及开设的时间、学时数也不同，各学年教学要求的制定也有所差异。总之，参考我国各级各类的日语教学纲要以及国际日语能力考试对于不同级别考试的要求，将日语语言和技能教学的目标、要求按照基础阶段与高级阶段简单地归纳如下。

（一）基础阶段的教学目标

基础阶段的教学主要针对大学日语专业（零起点）一、二年级，其教学基本要求有以下3点。

1. 知识目标分析

①学年教学要保证不低于500学时，学生在两年内应掌握现代日语的基本语音、语法和词汇知识，具备听、说、读、写日语的能力。在所学语言范围内，能熟练运用日语进行口头和书面交流，为深入学习日语奠定基础。

②掌握日语语音的基础知识，读或说日语时，发音、语调基本正确，合乎规范，没有明显的语音错误。

③掌握日语基础语法，概念清楚，对日语语法中的主要项目、难点理解透彻，在语言实践中能够正确运用，无大错误，不影响交际。

④接触日语单词8 000个左右，基本句型250个以上，惯用词组200个以上，其中积极掌握的应不少于一半。

2. 能力目标分析

①在听方面，能听懂日本人一般性的讲话，能听懂难易程度与所学课文接近的各种文章的录音，其中生词不超过3%，没有生疏的语法现象。

②在说方面，能较流利地进行日常生活会话，能与日本人进行一般交际性和事务性交谈，能在已学过的题材范围内进行3分钟以上的连贯性发言，无明显的用词与语法错误。

③在读方面，能朗读生词不超过3%、没有新的语法现象的各种题材的文章，要求读音正确，面带表情。能不借助词典快速阅读难易程度与所学课文接近的文章，内容理解确切，并能用日语叙述大意。能借助词典阅读非专业性的一般日文报纸、期刊。

④在写方面，能记述和改写听懂和读懂的文章，能在两小时内写出600字以上的应用文、记叙文，文理通顺，语法、用词基本正确。

3. 情感目标分析

学生通过对教育、历史、文学、生活、哲学、社会及家庭等相关主题的学习，在教学过程中通过讨论、陈述、问答等形式，提高学生的话语分析、逻辑思维、语言组织和表达能力。通过分组讨论、情境模拟、角色扮演、正反辩论等方式加强学生与学生之间的交流合作，提高学生的协调与沟通能力。

（二）高年级阶段的教学目标

日语专业三、四年级的教学内容是一、二年级日语教学内容的延伸，与基础阶段的教学相衔接。学生在进一步练好听、说、读、写、译五项基本功的同时，还要扩宽视野和知识面，学习有关日本文化、文学等方面的内容。根据这些内容对这一阶段的日语教学提出以下要求。

1. 知识目标分析

按照高等院校日语专业高年级阶段教学大纲的要求，高年级阶段的日语教学从语言知识教学转入语言理论、与语言相关的专业知识和理论的教学，需要结合专业选择教学重点。在教学环节，教师要深入挖掘本课程所蕴含的思想价值内涵，从丰富的教材中精选能提升学生思想政治素养的文本。

2. 能力目标分析

高等院校日语专业高年级阶段教学大纲对于语言技能的培养目标也做了明确规定，从听、说、读、写、译五个方面提出了具体要求。

（1）听的目标

第一，能听懂日本人用普通话以正常语速进行的谈话，反应快，理解正确，并能复述中心内容。

第二，对于电视节目、广播节目及带有地方口音的日本人讲话，听后能抓住主要内容和重要情节。

（2）说的目标

第一，能用日语较正确地表达自己的思想、感情，能与日本人自由交谈。

第二，经过较短时间的准备，能用日语即席发言或发表学术见解，能就熟悉的内容进行讨论或辩论，阐述观点。

第三，日语语音语调正确、自然，表达通顺流畅，无影响内容理解的明显语法错误。

第四，能根据不同场合、不同对象正确选用不同的语言表达方式，尤其是在词义的褒贬、敬语的使用及语气、色彩的把握方面基本无误。

（3）读的目标

第一，能读懂专业性很强的科技资料以外的现代日语文章，除了最新外来语、流行语及个别生僻词汇，基本没有生单词。

第二，能读懂一般性日语文章，能理解作品的主要内涵和意境。

第三，能较好地归纳、概括其主要内容。

第四，能独立分析文章的思想观点、文章结构、语言技巧及文体修饰。

第五，对于古文、和歌、俳句等古典作品或文章，借助工具书、参考注释能读懂大意。

（4）写的目标

第一，能用日语写出格式标准、语法基本正确、内容明了的书信或调查报告等文体的文章。

第二，能写内容充实，具有一定广度和深度的说明文、议论文及论文。

第三，在构思成熟的前提下，写作速度可在每小时 600～700 字，无明显语法错误，用词恰当，简体和敬体使用正确。

（5）译的目标

第一，口译时，能在无预先准备的情况下承担生活翻译；经过准备后，能胜任政治、经济、文化等方面的翻译；忠实原意，语言表达流畅，并能区别各种不同的语感和说话人的心态。

第二，笔译时，能翻译用现代日语撰写的各种文章、书籍；借助工具书和注释能翻译一般日文古文。

第三，汉译日时，能翻译与《人民日报》社论程度相似的文章，每小时能译 400～500 字（相当于 1 000 日文印刷符号）。

第四，日译汉时，每小时能译 500～600 字。翻译文艺作品时，作品的预期意境及文体风格与原文基本相符，重要内容正确。

3. 情感目标分析

强调语言学习与实际运用的关系，要积极、健康、全面、深入地观察生活，并将符合我国社会主义核心价值观的思想与情感反映在教育教学之中。在教师的引导下，对时代变迁、真爱、友谊和责任、人与自然等文章主题进行比较深入的理解和思考，对比理解中国相应的价值观与行为规范对个人人生观的意义，提高思想品格修养及人文素养，逐步形成跨文化交流意识。

了解中日两国语言、文化、社会的异同，培养中国情怀和国际视野，树立民族认同感、文化自信。掌握科学的思维方法，具有严谨求实的科学态度，以及追求真理、勇于创新的科学精神。站在辩证唯物主义立场上思考问题、分析问题、得出结论，提高理论修养及学术水平。

4. 实践教学目标分析

日语专业高年级阶段的教学目标还包括毕业论文和毕业实习。

毕业论文的撰写主要是培养学生书面语言的运用能力，掌握论文的写作方法，提高思考、分析和解决问题的能力。论文的选题要在所学课程范围内；论文中要有自己独特的见解；引用观点等要注明出处；字数在 5 000～8 000 字。

毕业实习的核心目的在于让学生在实际工作中将课堂所学与现实场景相结合，以此弥补课堂教学的局限性。通过实习，学生可以巩固和加深对课程知识的理解，培养独立思考和解决问题的能力，为今后的工作和生活奠定坚实的基础。此外，实习还可帮助学生了解社会现实，提高适应社会的能力，使其在毕业后能够迅速融入职场，成为具备竞争力的优秀人才。

随着高等教育改革的不断深入，社会对外语人才的需求从研究型转向实践型。为满足社会对外语人才的需求，各高校也在实习实践课程计划、课程类型、课时量、模式、评价体制等方面做了积极的探索，增添了如见习、顶岗实习、海外实践、社会实践等新的模式。

有的高校提出了赴日本半年海外实习的计划；还有的高校把日语专业实习实践时间从过去的 6 周延长到 4 个月，把这些实习、见习的课程设置在大三和大四的各个学期，分阶段分目标为学生创造接触社会的机会，搭建语言实践平台。对学生的实习、见习的成绩评定主要从工作态度、业务水平、工作成绩、实习或社会实践报告等方面进行考核，由实习岗位指导教师和学校的带队教师给出评价。

二、日语教学的多元能力培养目标分析

（一）日语语言知识能力培养目标

语言是一个整体系统，语言结构的三要素——语音、词汇、语法，构成了日语知识教学的核心。语言理论知识的教学就是对语义的辨析、对语义概念的解读、对语言规则的介绍和使用方法的训练。

1. 语音能力培养目标

日语语音能力培养主要是指培养学生顺利掌握日语语音的所有能力。

日语语音能力培养目标主要包括：能够区分日语语音（音位）的辨音能力；能够准确再现日语语音的发音能力；听觉和动觉的控音能力、协调能力；感知语调的能力等。

2. 词汇能力培养目标

日语词汇能力培养目标主要包括：有助于学生生成对词汇的感性认识的形象记忆力（听觉、视觉和动觉的记忆）；迅速而准确地区分近似词的能力；迅速形成新的概念的能力；区别词义的能力；迅速理解词的具体（结合上下文的）意义的能力；识记各种日语词组、短语、成语的能力；在感知日语时迅速认知和理解词的能力；迅速找出必要的日语词来表达自己的观点及思想的能力等。

3. 语法规则能力培养目标

日语语法规则能力培养目标主要包括：具备分辨各种词类和句子成分的能力；察觉日语词汇结构及语法特点的能力；根据语法规则变化单词，并将词汇连成句子的能力；迅速而准确地辨认和再现各种句法结构的能力；正确掌握词的一致性关系的能力；熟练地正写与正读的能力等。

（二）日语技能培养目标

语言是用于交际的工具，人们通常采用听解、会话、阅读、写作、翻译的方式进行交际，因此，外语教学论将"听、说、读、写、译"称为外语学习的五项基本技能。

技能是指身体各部分的灵巧动作或感官的敏锐程度。外语的五项基本技能训练，实际就是对我们应用外语时的口、眼、耳、手、脑等感觉、听觉、视觉、触觉器官进行的外语适应或外语熟练的训练。在训练这些语言技能的同时，也会逐步提高各种言语能力。

1. 听解能力培养目标

听是获得日语知识和技能的源泉和手段之一。听解既是听觉器官的运动过程，也是一种复杂、紧张、富有创造性的智力活动，它要求听者在这一过程中积极地进行感知、记忆、分析、归纳、综合等思维活动。因此，听力训练又是一种重要的智力训练。

一般来说可以把听的能力概括为快速、迅速捕捉和存储信息的能力，辨别各种语音的能力，适应日语语速的能力，长时间的听解能力，综合和概括的能力，判断力，跨文化理解能力，等等。总之，听力教学关于听解能力的教学目标是通过训练学生的听力技能，提高学生的听力技巧水平、听力理解能力、记忆能力、思维能力、文化素养。

2. 会话能力培养目标

会话又被称为"说"。会话是一种积极的言语活动，是不经分析和翻译，迅速用外语表达思想的一种技能。它不是简单地重复已经学习过的语言材料，而是创造性地组织已经学过的语言材料表达自己思想的一种行为方式。语言学家认为语言是有声的，任何有声语言总是以"说"为第一性，书面语是"说"的文字记录，是第二性的。在语言的发展过程中，"说"的能力始终处于首位。会话能力是一个复杂多元的概念，涉及语言、修辞、文化、心理等多个方面。

会话能力是一种复用式言语能力，根据会话的特点，把会话能力概括为以下4个方面。

①掌握语言知识，并自如地、创造性地运用已经学习过的语言材料表达思想的能力。

②不仅掌握语言知识，还了解这些语言知识在交际中的作用的能力。

③会话时考虑自己的社会地位及社会语境，能根据交际对象的反映敏捷思考和快速运用语言的能力。

④了解语言的社会含义，能用日语思维进行会话的能力。

帮助学生了解说的特点，掌握上述会话能力提升的技巧和策略，是会话教学关于会话能力培养的目标。

3. 阅读能力培养目标

阅读是获得语言知识的重要手段之一，人们通过阅读可以实现间接言语交际。特别是在当今，由于信息技术和现代化网络架起了通信桥梁，网络在线阅读已经普及，获取日语阅读材料的途径多种多样，通过阅读获取日语知识已经成为一种重要的学习方式。阅读能力是培养其他言语能力的杠杆，所以对阅读能力的培养也是外语学习的一项重要任务。

阅读能力是指感知、识别和理解语言材料的能力。具体包括辨认词、词组、句子结构的能力；把握段落中心思想和作者思想发展趋势的能力；弄清句、段之间的关系和诸如指示代词的实际内容等方面的能力；细致观察语言的能力以及假设判断、分析归纳、推理检验等逻辑思维能力；阅读技巧，包括细读、略读、查读的能力；对文章整体的综合理解能力等。

通过阅读不同体裁的阅读材料，帮助学生了解读的特点，不断提升上述阅读能力是阅读能力培养的目标。

4. 写作能力培养目标

写作是借助文字符号传递信息的语言活动或语言交际形式，既是一种语言输出过程，也是重要的语言交际活动。随着互联网时代的到来，网络交流日益频繁，日语应用写作从书信、公文、论文、文艺作品等领域扩展到网络信息交际等领域，增强了写作的应用性，对写作能力的要求也逐步提高。因此对写作能力的培养也是日语学习的一项重要任务。

写作能力包括掌握文章结构、段落构成、句子组成、语法规则等日语写作基础知识；掌握写作基本规范和要求，完成包括记叙文、议论文、应用文、文学作品、学术论文等体裁的写作；具备扎实的写作技能，包括正确的语言表达、恰当的文体选择等；掌握概括文章内容的方法，能分析文章结构，具备阅读分析和概括能力；具备批判性思维和思辨能力，能够从写作中发现问题、分析问题并解决问题；具备从大量文献中进行信息检索的能力。

写作能力的提升是一个循序渐进的过程，只有多阅读、多积累素材，多练习、多修正完善才能使写作能力不断提升。教师要帮助学生了解写的特点，引导学生进行长期的输入与输出，加强思维训练，切实提高写作能力。

5. 翻译能力培养目标

翻译是把一种语言文字的意义用另一种语言文字表达出来的一种创造性的语言活动。翻译是日语学习五项基本技能中的最后一项，也是最能体现日语综合能力的一项技能，要在熟练掌握听、说、读、写的基础上出色地完成笔译和口译。同时翻译也是一门综合性很强的学科，它既有很强的理论性，又有丰富的实践内涵。

根据高校日语专业开设的课程科目，这里把翻译分为笔译和口译来讲。

笔译课程的开设时间一般是大学的第二学年。笔译的能力目标主要体现在以下5个方面。

①语言能力。翻译的首要基本技能是语言能力。学生需要熟练掌握日汉两种语言的语法、词汇及语言风格，掌握日语和汉语在语言表达习惯上的差异，尤其了解日汉两国社会文化差异，以便进行更准确、恰当的翻译。

②翻译能力。掌握笔译理论与基础知识，掌握增译、减译、变译、倒译等基本翻译技巧和方法并灵活且准确地运用到不同文章不同句子的翻译中。

③创造能力。具备较强的措辞能力、组句能力、修辞能力。

④分析整合能力。需要针对不同类型的翻译任务,收集相关的背景信息和专业术语,并将它们有机地组织在一起,以便更好地进行翻译。

⑤较高的文化素养。了解我国的国情和日本的社会与文化,掌握丰富的百科知识等背景文化知识。

口译课程一般是在高年级开设,口译发生的时间和空间与笔译不同,其能力目标除了上述笔译课程的能力目标,还要求学生具备敏锐的听记能力、灵活的表达能力、准确的理解能力、敏捷的分析归纳能力、快速的遣词造句能力及良好的口语能力。

(三)情感目标

所谓的情感目标一般是指情感、态度、价值观。在这里结合日语教学,把情感目标归纳为以下4方面。

①政治素养。通过课程思政的价值引领,引导学生树立正确的世界观、人生观、价值观,培养高尚的道德情操,为个人成长成才奠定坚实的基础。

②专业素养。了解中日两国的民族特点、社会现状以及文化心理等,并把知识内化为人文精神,具有中国情怀和国际视野。

③科学文化素养。新文科背景下通过跨学科知识的融入和拓展学习,使学生具备广博的科学知识和对科学问题的基本认识,能够理性地思考和解决问题。

④职业素养。通过课堂活动和课后任务的开展,培养学生的团队协作、沟通交流能力。

(四)日语学习策略培养目标

学习策略是学生为掌握某种知识和技能所采用的一系列方式。通常从四个方面来理解:认知策略、调控策略、资源策略、交际策略。日语能力形成的一个重要条件就是学习策略的选择。

认知策略是指学生采用优化认知过程的方法和步骤来完成学习任务。调控策略涉及对学习过程的规划、执行、反思、评估和调整,属于元认知策略。交际策略则是指学生为争取更多的交流机会、保持交流并提高效果所采取的技巧,如主动交谈和解决交流难题。资源策略是学生有效利用多种媒体资源进行学习和运用日语的策略,包括获取和充分利用学习资源。在外语学习中,这些策略具有关键作用。学生需要掌握这些策略,以提高学习效果和沟通能力。通过运用这些策略,学生可以更好地规划和调整学习过程,从而更高效地完成学习任务。同时,这些策略也有助于学生在外语学习中充分利用资源,提高学习效率。

学习策略和学习方法在本质上有很大的区别。学习策略是对学习过程的抽象、宏观理解和决策，它主要关注的是如何提高学习效果，更多地体现了个人的学习方式和习惯。学习方法则是对具体、微观学习行为的规划，它关注的是解决实际学习问题，更多地依赖整体的学习环境和条件。

日语学习活动中策略学习能力主要包括选择有效感知、联想等方法的能力；有效理解知识的能力；主动探索符合日语学习规律的学习技巧的能力；调节学习中自我生理与心理机能的能力；正确评价自我学习的能力；监控自我学习的能力；管理自我学习的能力；在团队学习中发现及借鉴他人学习方法的能力；选择既适合自我个性心理特征又可有效促进交际的行为方式的能力。

教师应在教学实践中帮助学生了解学习策略的特点，引导学生在学习过程中选择适合自己的学习程序、规则、方法、技巧，并掌握调控方式，不断提升日语学习效果。

（五）日语跨文化能力培养目标

跨文化学习主要包括跨文化接触、跨文化理解和跨文化交际三个过程。跨文化接触，就是个体通过有选择地借用母国文化来接触跨文化，对跨文化所做的赋有个性特征的统合和再现。跨文化理解就是辩证地认识日本文化的内涵、思想观点。学习者固有的价值观、思维方式会直接影响对跨文化的理解和认识。跨文化交际又被称为跨文化知识应用，主要是指与日本人进行交际时如何避免发生文化冲突，使交际朝着我们期待的目标发展，保障交际顺利进行。

日语教学关于跨文化能力培养的重点不在于跨文化接触，而在于对跨文化的理解和对跨文化交际能力的培养。结合日语学习特点，将跨文化能力概括为文化意识、有效的交际能力、问题解决能力、创造性思考能力、批判性思考能力、共鸣能力、情感控制能力。

在跨文化交际中，文化意识是学生能够理解和适应不同文化的基础，通过了解日本的文化、历史、政治和社会制度等方面的知识，学生可以更好地理解日本的行为方式和交际规则，从而更加适应日本的交际环境，同时也可以让学生增强自身的文化自信心，更好地展现中国的文化特色；有效的交际能力是跨文化交际的核心能力之一，学生需要掌握正确的交际方式和礼仪，了解如何避免文化冲突和交际误解，建立健康和谐的交际关系；问题解决能力包括目标设定，其中最重要的是发现问题和选择最恰当的解决问题的方法及如何达到目标的企划能力；创造性思考能力即把获得的信息进行创造性的组合并进行思考的能力；批判性思考能力即对获得的信息、经验以客观的方法进行分析的能力；共鸣能力即对他人的意见、情感、立场、心情能够产生共鸣又不为其所左右的能力；情感控制能力即对喜怒哀乐等情感的自我控制的能力。

在日语教学中，跨文化交际能力的培养是一项综合性的任务。首先帮助学生了解跨文化理解和跨文化交际的特点，其次通过对学生的文化意识、交际能力、思维能力的培养，逐步提高学生的跨文化理解和交际能力。跨文化理解和交际能力的提升不仅可以丰富学生的基础知识，更可以提升学生的职业竞争力。

第二节 立体化教材与数字教学资源建设

一、日语教科书

长期以来，很多人总是把教科书与教学内容等同起来，认为教师教好教科书内容就完成任务了，而这种认识是片面的。

教科书有广义、狭义之分。广义的教科书泛指能增进人们知识、影响人们思想品德的教材。狭义的教科书指按照教学大纲或课程标准要求编写的核心教学材料。这里讨论的教科书指后一种。

教科书是学生学习的主要资源，它们将学科知识进行了整理和提炼，使得教师能够更好地传授知识，学生也能够更加高效地吸收和掌握。然而，教科书的局限性在于，它们往往侧重于已有的、经过验证的知识，而较少涉及新的观点。这使得教科书在传播知识的同时，也可能限制了学生对知识的拓展。日语教科书是日语教学的核心资源。它们不仅包含了日语的基本语法、词汇和句型，还融入了日本文化的元素，帮助学生更好地理解和运用日语。

（一）日语立体化教材的性质定位

日语教科书是传统日语教材最重要的组成部分。日语教科书是按照学生年龄编写的核心教材。它们基于国家颁布的课程方案规定课程结构和内容，旨在满足日语课程标准（或教学大纲）的要求。这些教科书是学校进行日语教育的基础，同时也是教材系列的主体部分。它们反映了教学大纲的要求，为学生提供了系统学习日语的平台。

日语教科书是由出版机构按照课程标准（教学大纲），组织有关专家编写的教学用书，其编写思路、框架、内容要符合课程标准（教学大纲）的基本精神和要求。日语教科书的内容既要达到课程标准（教学大纲）规定的基本要求，又不能无限制加大难度。不同地区的经济、自然环境等存在差异，教科书编写须关注和体现这些特点，兼顾不同地区的教育发展水平、学生身心发展水平及特殊需要。

日语教科书不是孤立的学生用书，与其紧密相关的还有教师教学用书、学生使用的练习册、教学挂图等配套教材及围绕教学的各种读物等。同时，日语教学与其他语种教学的共性是需要视听教材，长期以来，录音、录像、CD等都不同程度地发挥着积极作用。

传统的教科书式教学资源单一，无法满足多元化教学需求。而立体化教材以其丰富的资源、灵活的交互性和全面的教学覆盖，正在改变这一现状。它不仅适应了教育信息化的发展趋势，也满足了学生和教师在教学过程中的多元化需求。通过立体化教材，教育不再局限于单一的纸质教科书，而是拓展到了互联网上的丰富资源，使学习变得更加生动、有趣和有效。此外，立体化教材还强调学生的主体地位和教师的引导作用。学生可以根据自己的需求和兴趣，选择和学习适合自己的内容，实现个性化学习。教师则可以根据学生的实际状况，灵活调整教学策略，实现因材施教。这种教学模式既能激发学生的学习兴趣，也能提高教学效果，有助于推动教学改革的发展。

（二）日语立体化教材的特征定位

1. 日语立体化教材的内容特征定位

在立体化教材的使用中，教师不再是教学内容的权威掌控者，教师扮演的是提供者、分享者、指导者及协助者的角色。教师把素材发布给学生，在统一下达任务后，对学生进行指导和协助，让学生最大限度地吸收。学生也不再是死板地学习知识，而是根据任务和兴趣自己选择学习内容，完成自主探究性学习。

立体化教材的内容可由教师和学生共同筛选、共同建构，改变了传统教材均由教师制定的模式。这样一来教材内容既能满足课堂教学目标，也能符合学生的学情，满足学生的个性化需求。

立体化教材的内容是变化的，改变了传统教材固定不变的、单向传输的静态模式，可以随时进行增补、修改、更新。教师可以根据学生的教学反馈，及时更新教学内容，强化易错点和难点；学生也可以充分发挥积极性，分享他们感兴趣的材料来进行有益的补充。另外，立体化教材的内容也可以帮助师生及时关注最新学科动态，呈现最前沿实用的知识成果，以保持知识的时效性。教师不仅可以将知识点串联，以碎片化和单元化的方式清晰明了地展示给学生，还可以让学生清晰地看到其在整体知识体系中的地位。

立体化教材的内容是动态存在的，不只是留存于平面静态的书本上。课上课下内容相结合，课上进行的内容只是冰山一角，更多的支撑性辅助材料都是在课前和课后进行预习复习和补充修正。线上线下内容相结合，线下任务的完成度取决于对线上资源的理解和利用程度，并通过线上资源对线下任务做补充。

立体化教材的内容要体现学科融合。在新文科背景下，立体化的日语教材要打破仅局限于单一的日语语言学科的限制，将其设定为日语语音技能及其他学科或专业的结合性产物。例如，表现在日语专业教学上，应从传统的培养语言翻译技能转向培养学生把日语作为辅助工具去做相关工作。在需要复合型、融合型日语人才的新时代，开发跨学科融合的应用场景也是立体化教材的重要一环。

立体化教材的内容要充分融入思政育人理念。在课程思政背景下，立体化的日语教材不仅要承载日语学科知识，还要注重弘扬中华优秀传统文化，助力于激发学生的家国情怀和民族自豪感，帮助学生树立正确的世界观、人生观和价值观，增强学生的文化传播能力，真正做一名向世界讲好中国故事、向世界发出中国声音的新时代外语人。

立体化教材的内容要充分体现时代性。内容上要充分考虑现代社会的发展特点和学生的心理特点，做到与时俱进。教材内容既要有关于日本传统文化知识等的介绍，也要有日本社会文化的新动向，让学生了解全面的、动态的、不断发展的日本文化。另外，教材内容也要关注当下的热点话题，并由这些热点话题激发学生的辩证讨论，培养其思辨能力。教材只有顺应了时代才更能抓住学生的心，这样的教材才具有生命力。

2. 日语立体化教材的形式特征定位

立体化教材不仅局限于纸质版，还包括依托互联网、校园网、移动平台等信息技术可以发布资源、设计任务、智能评价的多种形式的立体教材。采用多样化、多渠道的教材发布形式，大大满足了当代学生的个性化需求，能够激发学生的好奇心和学习积极性。

立体化教材的具体展现形式包括电子图书、电子课件、网盘资源库、网络在线平台、视频文件、音频文件等，让学生可以随时随地进行自主学习和任务提交。电子图书和电子课件为学生的课前预习和课后复习提供了很好的条件，可以打破时间和空间的局限去存储和提取所需材料。网盘资源库为师生储备了海量电子资源，方便师生根据需要自由选择。利用网络在线平台不仅可以观看、收听，还可以下载资源，甚至可以和发布者互动。视频和音频文件利用多模态的输入形式增强了学习的趣味性和丰富性，将教学内容还原成真实语境，如在讲述商务场景下的敬语使用时，学生普遍认为敬语的知识点较枯燥且难以正确掌握，教师可以通过选取相关真实语境的视频作为学习材料供学生观看，可以极大地提高学生的学习兴趣。

除了常见的立体化教材形式，还应该引入真人教学、现场学习的方式。只利用书面教材的理论讲解和隔空观察是远远不够的，让学生身临其境去亲身体验，在做中学才可以深入了解文化。因此可以通过举办专家、前辈见面会等，让学生进行近距离学习；或组成工作坊，利用文化工作室使学生在体验中学习、创新和传承。此外，博物馆、展览馆、文化交流活动也应纳入立体化教材的范畴，给学生创造接触第一手资料的机会。这种鲜活的教材不仅让学生个人受益，同时也能更好地传承中华优秀文化。

立体化教材的形式还表现在师生之间、生生之间讨论互动的多渠道。除了传统的面对面互动方式，教师通过网络学习平台发布材料及任务，通过小程序、微信群、QQ群等常用的社交工具展开小组讨论，通过发起视频会议、语音会议进行在线答疑，打造师生之间、生生之间零距离沟通的平台。立体化教材还可以帮助实现人机互动，人机互动的优势在于其具有即时性、高效性和存储性。对于相对复杂的任务来说，师生和生生交流的反馈速度和频率是有局限性的，而网络平台恰好可以弥补这个不足，大大提高了学习效率。

二、网络数字资源

（一）课程资源点播平台的开发和应用

1. 课程资源点播平台的概念与特点

资源点播指的是按照用户的要求播放视频、音频、文本等资源。它包含娱乐、教育、商业等领域的多种应用，如娱乐信息点播、时事新闻点播、热门歌曲点播、课程资源点播、企业宣传片点播等。

所谓课程资源点播平台就是指在数字技术、传统网络的基础上更新换代而来的创新型资源传播平台。课程资源点播平台与传统传播平台在理念和应用上有着本质区别，它在传播理念、传播技术、传播方式和使用方式等方面发生了质的飞跃。

从本质上分析，课程资源点播平台主要有以下三个特点。

第一，课程资源点播平台将网络上大量的原有课程资源及用户自己创作的课程资源按照一定的类型（课件、教案、视频音频），通过用户的操作指令（观看、收听、评论、下载），随时随地提供给用户，进而满足用户的不同需求。

第二，课程资源点播平台的使用非常便捷，教师或学生要想查看当年、当月、当天或者当时段最受关注的课程资源，仅需要注册账号，登录后就可以进行相关操作。

第三，课程资源点播平台具有交互性，它与传统的点播平台不同，它不是事先准备好的按既定程序进行教学，而是学生可依据自身学习需求选择课程资源，自主选择时间进行，这就打破了原有时间、空间的限制性，实现了对课程资源的交互性操作。

2. 课程资源点播平台的功能模块

课程资源点播平台主要分为用户权限管理、用户信息管理、用户信息查询、课程资源查询、课程资源管理五个模块。

（1）用户权限管理模块

本模块的主要功能是登录验证。具体的操作程序是用户输入账户名和密码后，系统会在数据库中查询是否存在此用户，如果存在就会对输入的密码进行验证，通过后确定该用户身份所具有的权限。不同级别的用户具有不同的执行权限。

（2）用户信息管理模块

本模块的主要功能是对用户信息进行管理，包括增加、删除、修改、查询等操作。这里提到的用户信息包括注册后的会员信息及普通管理员的信息。用户的身份权限决定着该管理模块系列功能的具体实现。例如，非用户成员注册执行的是新用户信息的增加功能；会员修改自己的信息执行的是会员新信息修改功能；管理员修改会员信息、删除会员信息执行的是会员信息修改、删除功能；另外，超级管理员具有最高的功能，如确定普通管理员的身份、删除管理员信息、修改用户信息、删除会员、增加会员等。

（3）用户信息查询模块

本模块的主要功能是对用户信息进行查询。同样，根据用户层级与权限的不同，所具有的执行能力也不同。例如，普通用户仅能修改自己的信息；管理员可查询并修改其他用户的信息；而超级管理员则能查询所有用户（包括会员和管理员）的信息。

（4）课程资源查询模块

本模块的主要功能是查询课程资源。其与用户信息查询模块存在区别，课程资源查询不对用户身份与权限进行限制，所有用户都可以通过课程资源名称进行实时查询，也可以通过课程资源类型查询。

（5）课程资源管理模块

本模块的主要功能是对课程资源进行增加、删除、修改、查询操作。该模块与用户信息管理模块类似，不同的用户身份权限具有不同的操作限制。例如，对于课程资源，非用户具有浏览和查询的基本权限，注册会员用户除了具有以上基本权限还具有上传课程资源、下载课程资源、修改自己的课程资源、增删自己的课程资源等权限；管理员则具有查询、修改、增删所有课程资源的权限；超级管理员对课程资源的操作权限和管理员相同。

（二）日语教学移动终端传播平台的开发和应用

进入21世纪，科技的高速发展给移动通信设备的不断升级提供了保障，移动通信的覆盖面积呈快速增长趋势。移动终端设备如智能手机、平板电脑、便携阅读器等成为网络外语教学的资源平台。

1. 移动教学

这里讲的移动教学主要是指通过不同类型的移动设备，在校园网的"云"端进行的创新性教学。

与学校传统的多媒体教学中的"固定性"不同，移动终端最大的优点就是"可移动性"。以平板电脑为例，由于它不仅具有正常的上网功能，且体积小巧便于携带，屏幕尺寸还有多种规格，可以称得上是移动教学最好的设备。平板电脑借助校园网强有力的后台——"云"实现其巨大的传播优势。

简明扼要地讲，"云"即一种在网络上搭建的虚拟服务器。学校的教师可以将自己编写的PPT、Word文档、Excel表格、音视频资料等上传到云服务器。

教师只需要带着平板电脑就可以进行授课。校园网"云"建成后，教师只需要带着平板电脑在安装有无线投影仪的教室就可以实现资源的在线共享。因此，这种由移动设备进行的辅助教学能够很好地为教学活动服务，只要条件允许，这种教学模式就能够得到很好的推广。

2. 移动学习

这里讲的移动学习主要是指学生人手一台移动设备，抛弃传统的书本学习进行的创新性学习。

学生有了移动终端，就像拥有了一把开启知识宝库的钥匙。不论他们身在何处，只要拿出移动终端，就能随时随地登录学校网络教学平台。在这个平台上，他们可以借助"多终端同步互动"技术，轻松地融入课堂学习中，实现与教师和同学的在线互动。即使学生不在校园内，他们也能够通过移动终端，获得自由学习的美好体验。

移动终端为异地在线学习带来变革。学生可以在语音视频交流中进行文字互动，这种新颖的方式增加了学习的趣味性。同时，移动终端还支持小组讨论和协作，有助于提高学生的交流能力。更为重要的是，学生可以实时同步记录笔记和查询资料，这种高效的学习方式大大提升了学习效果。但是，必须看到移动学习是学生个人利用移动设备进行学习的活动，移动学习的主动权掌握在学生手中，如果学生自身的控制力不足，很容易产生一些消极的现象，如学生利用移动设备玩游戏、浏览与学习内容无关的网页等。

在移动教学与移动学习的相互作用过程中，教师起到关键性的作用。教师要首先深刻意识到日语教育处于由传统教育技术向现代信息化教育技术过渡的阶段，要努力提高自身的教育信息化技能，挖掘并向学生普及最新、最适合的网络学习平台、在线资源等，为学生创造最佳的学习环境，引导学生学会如何在信息化背景下开展学习。

（三）虚拟现实技术在日语教学中的开发和应用

通过虚拟现实技术，学生能够在虚拟环境中亲身体验、探索和互动，从而更好地理解和掌握知识。这种创新的教学方式不仅激发了学生的兴趣，还提高了学生的参与度和积极性。在学习过程中借助虚拟现实技术，学生能够从多个角度观察和分析问题，培养创新思维和解决问题的能力。在教育领域，虚拟现实技术有着广阔的应用前景。例如，在科学教学中，学生可以利用虚拟现实技术探索微观世界、进行实验操作；在历史教学中，学生可以穿越时空，亲身体验历史事件；在地理教学中，学生可以漫游世界各地，了解各地的风土人情。这些都有助于丰富教学内容，提高教学质量，培养学生的综合素质。因此，该项技术的发展可应用于日语的教育教学中。虚拟现实教学就是借助虚拟现实技术进行的教与学的活动。

1. 虚拟学习环境

虚拟学习环境是集知识空间、学习者角色和辅助工具于一体的综合系统。它不仅仅指一个独立的教育网站，也不仅仅指由三维技术和虚拟现实技术支撑的系统。虚拟学习环境能为访问者提供各式各样的信息，因此是一个广阔的知识空间。它为访问者提供各种各样的信息。作为知识空间的虚拟学习环境，必须满足对知识信息的获取、扩充，提供知识信息来源、知识信息共享等。

虚拟学习环境能够为学习者提供组织和共享知识信息的活动，诸如日语文章阅读、日语写作、语法分析、资源共享等。但是在这一环境中，学习者除了上述这些活动，还能进行其他的活动，成为知识信息的提供者、问题分析的解决者、学习活动的评价者。通过多种多样的活动，学习者在虚拟学习环境中的角色不再是一个被动的参与者，而是学习的主体。这一角色转换，也与从"以教师为主体"到"以学生为主体"的新的教育理念相吻合。

与现实学习环境一样，虚拟学习环境也必然存在虚拟课堂数字图书馆、知识信息的交流平台、学术交流平台等多种辅助教学工具，以实现信息共享、协作交流与学习管理等诸多功能。如虚拟学习环境设计者为学习者提供了自我学习和在线教程的辅助教学活动，通过自我学习活动能提高学习者的自我控制能力，通过在线教程的活动能够提高学习者的交际能力。

2. 虚拟教师

虚拟教师扮演着进行虚拟现实教学的重要角色。虚拟教师承担着对学习者引导的责任。在进行虚拟教学的过程中，虚拟教师还对学习者收集所需学习资源进行指导和帮助，以减少"信息过载"和"资源迷航"的问题。

3. 虚拟学习者

在虚拟教学系统中，不同年龄、不同性别、不同民族、不同地域的人都可以担任学习者这一角色，学习者的概念得到了广泛的扩展。虚拟教学系统中的学习者不是按照智力水平、年龄阶段进行组织的，而是按照个人学习所需进行组织的。学习者之间是以平等的身份进行学习的。

4. 虚拟教学资源

虚拟教学中的教学资源是以数字符号的形式存在的，如一段文本内容、一次虚拟实验、一个多媒体课件等。教学资源虚拟化技术有望解决学校因招生人数增加导致的资源紧张问题，以及实验设备陈旧和更新速度慢等问题，同时也是一种在新的技术支持下促使我国教育均衡发展的有效方式。

三、其他教学资源

日语教学除教科书、教辅、音频、视频外，还有许多其他教学资源。受思维定式的影响一般人们对资源的认识存在一定偏差，认为教学资源是有形实物，如教科书、练习册、录音音频等。用全面的观点看问题，就会发现日语教学资源是一个复杂的系统。日语教学资源既包括有形资源，也包括无形资源；既有校内资源，也有社会资源；既有硬件资源，也有软件资源。为此，正确认识日语教学资源系统，分析和研究该系统各要素之间的相互关系，是日语教师和教育研究者需要认真思考和充分利用的。

这里仅从有形资源和无形资源的角度加以分析。

（一）有形资源

随着现代教育技术的飞速进步，教材的概念已经有了多方面的扩展。日语教材的有形资源包括教科书、教师教学用书、练习册、补充读物、工具书、挂图、卡片等直观教具，录音、广播、录像、影片、幻灯片等资源以及计算机等相关设备资源。其中，教科书、教师教学用书、练习册、补充读物、工具书、挂图和卡片等属于纸质资源；录音、广播、录像、影片、幻灯片等属于音频或视频资源；而录音机、录像机、电视机、计算机、语言教室、多媒体教室属于硬件资源。

纸质资源是教学自古以来利用最多、最普遍的资源，音频或视频资源和硬件资源是随着科技信息化进步逐步运用到教学中来的。特别是外语教学，必须开展听、说、读、写技能训练，不同教学资源在不同时期对学生的能力培养都发挥着不同程度的作用。

（二）无形资源

日语教学中除了有形资源，还有无形资源，如软件资源、网络资源、信息资源、文化资源、个人经验等。与有形资源相比，无形资源往往容易被忽视，但如今无形资源的作用越来越显著，在日语教学中扮演着重要的角色。比如，软件资源中的计算机辅助教学软件、文字处理软件已经被广泛应用，学生在日语学习过程中都会用到这些软件。多媒体软件在日语教学实践中也用得越来越多，几乎所有开设日语专业的高校教师和学生都会用多媒体软件制作相关课件、开展教学活动、交流学习成果等，可谓大有用武之地。

这里，以软件资源、个人经验为例，说明无形资源给日语教学发展带来的巨大变化。

1. 软件资源

软件资源一般指软件程序，比如我们使用电脑接触最频繁的就是磁盘操作系统（DOS）。DOS是一种面向磁盘的系统软件，它像一座桥梁把人与机器连接起来，利用类似于自然语言的DOS命令，轻松执行日常操作，无须深入了解硬件结构或牢记命令。DOS具备有效管理软硬件资源的能力，通过合理调度确保所有软件和硬件在监控和管理下有序运行。随着在线学习模式的兴起，日语学习软件不断被开发与应用，手机App的普及使日语学习方法发生了革命性变革。日语学习类App作为主要的移动学习资源门类，充分利用了移动学习设备的优势和功能，提供了更富有趣味的学习平台。学生非常倾向于利用碎片化时间用日语App来进行自主学习，成为课堂教学的重要补充手段。现有日语学习类App大致可以分为五大类：应试考试类、教材衍生类、工具类、网课类和入门类。但同时也发现，由于App种类繁多，加之自身能力和认知水平受限，学生存在无法在众多App中选取符合自身学习水平、适合自身能力提升所需的App，出现资源利用效果不佳的现象。教师应及时针对这些情况整合资源，为学生提供个性化的学习推荐和资源定制。例如，教师按照横向知识模块、能力模块、职业素养模块，纵向初阶日语、中阶日语、高阶日语进行分类，分析各App的特点、最佳使用方式、适用学龄段、适用场景等，引导学生提高对App资源的利用效率。

日语教材在利用新媒体方面也有进展。日语教科书每册分别配了一张CD-ROM光盘，这是日语教科书首次配备这种多媒体教学资源。光盘相当于一部电子书，教师上课时可以点击目录，直接进入教科书的任意一页。画面上的局部内容可以适当放大或移动；有录音的地方点击按钮可以发出声音；点击书中的图片，可以显示相应的单词和读音；习题也有相应的互动。这与只有录音带或CD相比，进一步方便了日语教师的课堂教学。

在社会日语教学方面，为了丰富学习资源、提高学习效率，国内目前发行的新版日语教材，如《中日交流标准日本语》《新时代大学日语》《新标准日语教程》《新经典日本语》系列教程都开发了手机应用程序，其内容包括五十音图、各单元课文、生词、重点语法讲解、练习等文字资料及与书本内容配套的所有音频资源。这些利用新媒体开发的教学资源，使日语教材正在逐步构建围绕核心教材的立体化格局。

2. 个人经验

个人经验往往是一种容易被忽视的教学资源。日语教学中的个人经验包括教师的个人经验和学生的个人经验。

（1）教师的个人经验

教师的个人经验包括其信念和价值观是如何形成的，是否具有扎实的日语学科知识基础，采用什么样的日语教学方法，如何对待学生的日语需求，如何处理日语教学与社会大环境的关系等诸多方面。说到日语教师的成长，人们往往更关注他们的专业素质，而教师作为一个独立的人格，有怎样的学习和生活经历，如何在中日文化交流中建构知识、形成跨文化交际意识等问题则往往容易被忽视。

日语教师的职业生涯与其个人的生活经历密切相关，日语教师想要不断成长，就应该充分认识和探索自己个人经历中的重要事件和人物，从中获得启发和力量；不断反思自己的日语教学实践活动，在教学过程中总结经验、教训，再把它们应用到日语教学中去，促进自我发展。教师的发展不仅是教学技能等专业知识的发展，更应该是自我发展。自我发展可以促使教师有更高的精神追求，是日语教师专业发展的内生动力。

语言和文化环境的差异影响人们的思维和行为。因此，日语教师若能充分利用条件，赴日本深入体验当地文化，将有助于增强其跨文化交际能力与意识。这种能力的提升将激发学生对多元文化的兴趣，进而有助于教学效果的提升。另外，日语教师向学生讲述自己学习日语的经历，与学生分享自己学习和教学日语的历程、心得、体会，也会对学生产生言传身教的影响。当代的日语教师是教学资源的开发者，其自身经验也是教学资源之一，日语教师可以经过努力使自己成为灵活的、有创造性的"活教材"。

（2）学生的个人经验

在日语学习过程中，学生既有共同的学习经验，也有各自不同的学习方法和独特体验。比如，看过的日语电影、电视剧，读过的日语书籍，听说过的日语故事，等等，凡是有关日语或日本社会、文化方面的东西，都是可供利用的学习资源。让学生用自己学到的日语知识相互启发、取长补短，也可以成为日语教学活动的重要一环。有些学生还有过与日本人交际的体验，他们或随父母在日本生活过，或有旅游观光的经历，这些学生的经验是日语教学中的重要资源。请他们在班级里分享个人的体验，现身说法，是扩充学生日语知识、提高学生学习兴趣的好方法，也是促进学生之间沟通日语学习经验、交流学习体会的重要手段。

如上，不论是教师的个人经验还是学生的个人经验都是一种重要而无形的教学资源。

由以上分析可以看出，与有形资源相比，无形资源因其广阔的覆盖面和强大的适应性而具备显著优势。这种资源的广延性使得它能够渗透至全球各地，同时在一所学校、一个年级、一个班级，甚至个体中存在。无形资源能反复使用，在不断实践中得到验证和完善，实现持续积累。因此，正确理解和重视无形资源对于我们全面、精准、深入地认识日语教学资源体系具有重要意义，从而树立新的资源观，这在理论上和实践上都具有重要意义。

此外，当地企业或社会机构的支持也是一种无形资源。充分利用这些无形资源，有利于从社会生产、社区生活的真实需求出发，在真实的环境中巩固所掌握的知识并提高其应用能力。通过真实的工作场景让学生深入行业，切身感受到企业的工作环境及岗位流程，深入地了解行业的基本情况和发展形势，增强学生的职业适应力和敏感力，为学生的职业生涯规划起到较好的助力作用。

第三节　多样化教学内容

一、日语听说教学

（一）日语听力教学

1. 日语听力教学研究概况

（1）日语听力教学现状的研究概况

从以往的日语教学研究来看，日语的听力教学出现的问题具有一定的普遍性，并且不太容易得到解决。不论哪个阶段和教学层级，出现的问题都有一定的共性，可以概括为以下三点：第一，在整体的日语学习时间中，听力部分整体投入的时间较少，不论是在教学还是在学习上，听力部分都没有得到教师和学生的重视。第二，日语听力的教学方式和模式没有根据时代的发展及时更新，比较传统。第三，教学内容单一，没有提供丰富的听力材料。

（2）日语听力教学理论的研究概况

日语听力教学理论的研究并不是很多，而且研究的内容理论多于实践，其中，图式理论占据一大部分，图式理论的研究多放在对听力教学中的作用和应用上。当然，也有一部分专家研究了理论在听力教学中的实践应用，如二语习得的标记性理论在听力学习中的应用，并且根据实践中的问题提出了相应的教学对策。

（3）日语听力教学方法的研究概况

日语听力教学方法的研究相对较多，可以分为很多方面。

第一，关于教学方法的改进的研究，具体体现在以下3点：

①任务型教学法在听力教学中的应用策略。

②经过一系列的研究证实了任务型教学法的优势和可行性。

③情境教学法在听力教学中的应用，认为其可以激发学生的学习主动性。

第二，关于听力教学的研究。研究认为学生的自主学习能力十分重要。教师在进行听力教学时，首先要对自己的教学理念进行更新，认识到自己在课堂上扮演了什么样的角色，通过各种方法让学生对听力课程感兴趣，让学生能够主动自主地学习听力的相关技能，不断激发学生的创造性和主观能动性。

第三，关于听力训练的研究。在平时的听力训练中，要将听和说结合起来，要对听力材料进行理解分析。根据相关专家的研究，影子练习法是针对听力训练比较有效的方法，这个方法包括"输入"与"输出"两个环节，经过一系列的试验和问卷的方式得出了影子练习法可以提高听力的各项能力。

第四，日语与日本文化关系的研究。要重视日语学习中对日本文化的学习，让学生在良好的文化背景下克服听力中的文化障碍。

高校的教学设备经过更新和完善已经十分现代化，在进行听力训练时普遍使用多媒体技术、语音教室等。多媒体技术在听力教学中的辅助作用也十分明显。多媒体技术营造的良好的听力氛围，能调动学生的学习积极性。听力和视觉的冲击分不开，学生在观看日语纪录片、访谈类视频等多媒体资源的过程中，结合呈现的视频画面能够加深对听力材料的理解，潜移默化地学习地道的日语。尤其是自2015年"互联网+"行动计划提出以来，高校对传统教育模式进行了改革和创新，使教育理念和教育形式不断向教育信息化方向发展，在传统教学方法的基础上应用更智能、更信息化的教学模式。在日语教学中，教师要充分利用现代化信息技术为学生提供大量的听力材料，建设真实的语言环境，让学生在学习的过程中进行自我评价，同时建立网络公众平台，让学生自主进行语言学习测验。

2. 日语听力教学的内容

听力教学作为日语教学中的重要组成部分，承担着培养日语人才交际能力的重任。明确听力教学的内容可以为教学改革提供依据。目前，日语听力教学的内容分为三方面：听力知识、听力技能和听力理解，下面逐一进行介绍。

（1）听力知识

听力知识是进行听力理解的基础部分，只有对听力知识有所了解，才能开展其他内容的学习。听力知识包括语音知识和语用知识，其中语用知识又包括策略知识、文化知识等。

（2）听力技能

运用听力技能可以增加听力的科学性和针对性，因此学生进行听力训练一定要先学会各种听力技能。听力技能主要包括以下六项内容。

①辨音能力。

辨音能力是指学生的各种分辨声音的能力，包括音位、声调高低、语调、句调及音质的辨别。提高辨音能力可以增强学生的理解能力。

②交际信息辨别能力。

交际信息辨别能力是指对语言交际用语进行辨别的能力，包括新信息指示语、例证指示语、话题终止指示语、转换指示语等。这项能力和辨音能力相似，都可以增强学生的理解能力，提高提取听力重要信息的有效性和针对性。

③大意理解能力。

大意理解能力是指对材料的主旨进行概括的能力。学生大意理解能力的提高能够增强其整体把控能力。

④细节理解能力。

细节理解能力和大意理解能力是相对的一对能力。增强学生的细节理解能力可以让学生提高做题的准确度。

⑤选择注意力。

选择注意力是指抓取重要信息的能力。听力材料涉及不同的领域，因此注意力的选择十分关键，提高这项能力可以让学生准确把握文章的话题中心思想。

⑥记笔记能力。

记笔记能力要求学生在听到重要的信息后能准确地记录下来，因为听力过程中的记忆大多只是瞬时记忆，需要用笔记下来，提升记忆的效果。

听力水平的提高是一个长期的过程，需要不断积累，教师和学生都要充分意识到这一点，切勿急于求成。教师要根据教学的规律进行针对性训练，并把每周只有两课时或者四课时的听力课堂以线上线下开展的方式延展为每日必须完成的课程。另外，学生对日语学习的热情在很大程度上受到听力材料的影响。教师需要根据学生的日语学习程度，选取适合他们的听力素材，确保学生能够大致理解。这些听力材料应种类繁多，包括日剧片段、动漫片段、人物访谈、综艺节选等，同时涵盖热门话题、评论、新闻等内容，以此扩大学生的听力范围，并拓宽他们的文化视野。

（3）听力理解

前面两个听力内容的学习，不论是知识点的学习还是技能的教授，其最终目的都是提高日语的听力理解能力。语言在不同的场合使用，不同身份的人讲出来会产生不同的含义。日语的用语规范十分复杂，因此正确理解话语的含义是听力能力的关键，也是一项难点。教师在听力理解的教学中，要让学生循序渐进地提升其理解能力，先是理解语句表面的意思，然后让学生根据全文的背景和文化因素对隐含的意思进行挖掘，提升学生的综合语用能力。听力理解能力包含四个阶段。

①辨认。

辨认的主要内容包括语音辨认、信息辨认、符号辨认等。辨认在环节上属于第一个阶段，是后面环节展开的基础，因为如果学生在进行听力训练的过程中没有将听的内容辨认出来，那后面的环节就无法进行。辨认阶段也有不同的等级划分，最基础的是语音辨认，最高级的是对说话者意图的辨认。学生的辨认能力可以采用正误辨认、匹配、勾画等方式加以训练，比如让学生先看一段打乱顺序的听力材料，然后再播放相关的听力材料，最后根据听到的内容进行材料的排序。

②分析。

学生在分析阶段可以根据听到的材料辨别出短句和句型，根据语法和内容了解听力材料的意义。

③重组。

学生能够用自己的语言方式将听力材料的内容口述出来或者使用书写等方式进行表述。

④评价与应用。

评价与应用阶段是建立在前三个阶段的基础上的。在对材料信息足够了解的情况下可以对信息进行评价与应用。在这一环节，可以采用讨论、辩论、发表观点等方式。

听力理解的过程需要循序渐进地进行，不论是辨认、分析，还是重组、评价与应用，每一个阶段都要牢牢把握，只有将这一技能扎实掌握，才能达到听力能力提高的目的。

（二）日语口语教学

1. 日语口语教学的基础理论

（1）模因论

①传统教学存在的问题与模仿式口语教学法。

在传统的外语教学中，最普遍的教学模式就是教师在课堂上将知识点按部就班地讲解出来，学生认真听讲，将单词背诵下来。语法的使用规则也依靠背诵，在考试或者做题的过程中，学生会调动自己大脑中储存的教师讲解的知识进行解答。这些记忆尤其是单词的记忆是零散的，学生需要进行排列组织才能落实在卷面上。采用这种方法的结果是学生在面对书面考试可以应对，但是并不擅长开口表达，学生在用外语对话的时候会先在记忆中调动合适的词汇，然后思考语法规则该怎样将句子组织起来，如此表达出来的语言通常不连贯、不顺畅，也不符合日本人的思维方式。模仿式口语教学法是一个让学生能流畅表达语言的教学方法。这种方法旨在给学生提供一种接近实际的虚拟身份、场景及实况材料，让学生对整体的会话过程进行模仿并记忆，还要对人物的表情、动作、会话习惯等反复模仿记忆。模仿式口语教学共有四个过程，分别是视听＋感受、跟读＋记忆、模仿＋表达、模仿＋移用。

②模因论与模仿式口语教学法的契合点。

模因论的核心观念是，以模仿为基础，通过模仿实现传播。这个过程包括四个阶段。首先是同化阶段，学生关注到复制因子，并逐步理解和接受。其次是记忆阶段，在这一阶段，复制因子在学生大脑中停留的时间越长，成为模因的可能性越大。再次是表达阶段，学生大脑中的复制因子需要转化为可感知的有形实体，如话语等。最后是传播阶段，借助图片、声音、网页等载体，将模因传递给多个潜在宿主。在这个过程中，模因有可能从一个宿主跃迁到另一个宿主。总之，模因论关注的是模仿在传播过程中的核心作用。

在口语教学中，模仿的重要性无疑不可忽视。教师负责教授知识，引导学生经历模仿、记忆、复制和表达新信息的过程，最终帮助他们掌握口语技能。这种教学模式与模因传播的四个阶段相似，尤其在零基础的日语教学中，模仿式口语教学法能够展现出较好的口语训练效果。

③模因论在日语口语教学中的应用。

第一步：听。在同化阶段，也就是模因生命周期的第一个阶段，宿主需要将模因内化到大脑中。为了实现这一目标,我们需要选取那些有趣且难度适中的听力材料。这样的材料可以吸引学生的注意力,让他们主动将这些内容纳入自己的模因库。在纳入过程中,学生还需要将与新模因相关的信息与已有的模因进行结合,构建新的认知体系。因此,我们可以看到,听力训练在口语教学中占据了至关重要的地位。它不仅有助于学生更好地同化新模因,还能提升他们的口语表达能力。日语教师在选择听力材料时,除了从教材、教辅中选取,还应增加一些生活类日剧片段、对话访谈等音视频资源,通过让学生接触丰富的语言材料来扩充语料储备,为下一步的语言输出做充分的准备。

第二步:仿、练、记。模因生命周期的第二阶段,亦称为记忆阶段,这是一个至关重要的阶段,因为在此阶段,宿主需要通过模仿、练习和记忆,使得传入大脑的模因能够长期保存。这不仅涉及对语音、文字等内容的模仿,还包括对表达习惯的模仿。在记忆阶段,学生需要进行大量机械性和半机械性的练习,以强化和巩固新融入的模因,使其能够迅速与已有的模因集成,形成新的模因复合体。这一过程需要教师的引导,以便学生能够选择强势的模因进行记忆。通过强化记忆,学生的口语表达能力将得到大幅提升。对于那些基础薄弱的学生,大量反复记忆重点内容,将有助于实现口语表达从量到质的转变。换句话说,只有通过记忆和练习,才能使学生的口语表达实现质的飞跃。

第三步:说。教师要引导学生创新思维,打破常规,将所学语言知识融入自己的口语表达中,形成独特的语言风格。在这个阶段,教师的引导至关重要。他们需要激发学生的创意思维,鼓励他们尝试新的表达方式,从而使学生的口语表达能力得到提高。同时,教师还应关注学生的个体差异,因材施教,以满足不同学生的学习需求。

第四步:发表与展示。模因生命周期的第四个阶段是传播阶段,学生通过录制音频、视频等方式借助有形的载体来对模因进行传播。通过对模因的不断复制和创造性重塑,让该模因的使用深度和广度在同等学习阶段的学生群体中得到极大拓宽。

通过模因论在日语口语教学中的应用,对提高学生学习日语口语的兴趣,以及提高学生日语口语表达的流利性和准确性大有助益。通过对模因进行同化、记忆、表达、传播这一周而复始的过程,不断激发学生内化语言,并学会迁移运用。

(2)情境认知理论

①情境认知理论概述。

情境认知理论主张学生主动参与实践,以培养自学、思维、表达等能力,实现知识的内化和应用。这一理论强调个体在学习过程中的实践性，以及与环境和他人的互动，弥补了行为主义和认知心理学的不足。通过情境认知理论，学生能够在实际情境中主动参与学习，培养自我学习能力、思维能力和表达能力。这种理论鼓励个体与环境的互动，强调实践和互动的重要性，有助于知识的内化和应用。

学习在情境认知视角下被视为个体在特定环境下参与实践、互动，并不断提升自身能力的过程。这一学习过程有五大特点，分别是情境性、真实性、实践性、探究性和主动性。在日语口语教学中，情境性的重要性在于强调在真实的场景中进行口语的学习和练习。真实性则要求情境尽可能真实和有效，贴近学生的日常生活。因此，教师的任务就是创造贴近学生生活的真实情境，以此激发学生口语表达的积极性。实践性突出情境认知语境下的口语操练，学生要根据情境变化不断进行语言表达的练习，在实践中总结规律，以提升下一次实践练习的效果。探究性强调学生在口语表达时发现问题、分析问题、解决问题的能力，在实际情境中，学生常常会遇到教材或课堂未涉及的语用问题。为了更深入地了解语言背后的文化，他们需要积极参与查阅文献、请教教师、收集数据等活动，以此来激发研究的热情和培养自主学习能力。主动性是情境认知理论设定的理想口语目标，学生由在教师的任务驱动下被动地听、读、说向自主创设情境主动表达转变，学生在此过程中充分感受口语能力提高带来的成就感和获得感。

②情境认知理论对日语口语教学的启示。

情境认知理论将学习的重要影响因素放在了外部环境上，认为良好的外部环境可以激励学生的学习。情境认知理论比建构主义学习理论更加普适。该理论认为学生只有在教师的引导下才能少走学习的弯路，教师要采用丰富的视听手段吸引学生的注意力和引起学生的兴趣。情境认知理论将关注的重点放在自然情境或创设的情境中，认为自然情境或创设的情境中的知识获取更加有效，致力于建立一个日语视听学习生态系统。教师在日语口语教学中要创设生活情境，增加学生的学习体验，督促学生在日常生活中使用日语。例如，在学习以餐厅为场景的会话主题时，可以将教学场景设定在当地的日本料理店，就生活中的真实画面进行练习，借助真实的情境进行示范教学和练习，尽可能地引导学生学以致用，提高其交际表达能力。另外，在教学信息化背景下，教师，还可以借助现代化的多媒体手段创设教学情境，加深学生对所学内容的直观了解和感性认识。教师在借助多媒体开展情境教学时，要尤其注意其涉及的情境应该具有连贯性和延展性，避免情境的杂乱化和碎片化。

情境教学模式完全有别于传统的教学方法，传统教学方法自然也有一定的教学优势，但是在口语方面是短板。情境教学模式在教学中预设一种真实的交际情境，在这种真实化的场景中加深学生的印象，符合人们的记忆规律。如今社会上流行的很多大脑记忆培训的方法也是基于模拟的真实场景创设不同的情节加深对数字和语言的记忆，这些记忆的方法其实同情境教学模式有相同的思路。

日语教师在进行情境认知理论指导下的日语口语教学时，要特别关注以下三个方面。首先，教师在提高自身专业能力时，要尤其重视对日本文化知识和民俗生活的积累，确保能够为学生的日语口语学习创设合理的教学情境。其次，情境教学是将抽象的日语知识进行生动化和形象化的过程，教师应注意增强表达和课堂掌控等能力，为创设良好的教学情境奠定基础。最后，教师在开展日语口语情境教学时，要注重互动。例如，教师在对日语口语文本内容进行讲解时，要注重挖掘内容背后的文化内涵，培养学生的跨文化意识，引导学生明晰中日两国不同文化对语言表达方式产生的影响，抛出问题引发学生的迁移思考，并组织学生对其进行分组讨论和发表想法，加深学生对于口语文本内容的记忆，加深对日本人委婉表达等思维方式的理解，在后续口语表达中逐步规避母语思维的负迁移现象，切实提高跨文化交际能力。

2. 日语口语教学的内容

口语的教学目的就是培养学生的口头交际能力，教学内容主要分为以下 3 个方面。

（1）教学生利用语音、语调表达正确的意思

语音、语调虽然没有具体的、实际的表达含义，但是仍然具有强烈的表意功能。因为人们只要张口说话就一定会带有语音、语调，如高低起伏、轻重缓急等。口语中常常采用反问、讽刺、强调、虚拟等修饰手段，从而强调自己的观点或话题。因此，教师在开展日语口语教学的时候不仅要强调句子的语音、语调，还要强调语篇中的句调。如果口语中不能随意发出想要发出的音，也就无法表达自己想要表达的意思。

（2）让学生了解口语的特征

和书面语相比，口语表达具有自己的特征，如句子通常较短，大多使用较容易理解的词语；表达中大量使用敬语、感叹词、终助词、疑问词等；倒置、中断、语序打乱的情况经常出现；会有男性用语、女性用语的区别和不同区域的方言；会有大量的省略现象；需要根据场合使用相应的敬语表达，敬语体系在口语中非

常发达；口语中还有非常发达的委婉表达等。只有学生了解日语口语的上述特征，才能用获取的语言知识指导口语输出。

（3）让学生掌握跨文化交际策略

为了保证会话的顺利进行，除了具备基本的语言基础知识和口语表达能力，还需要掌握良好的跨文化交际策略。日语教师在教学过程中历来重视输出的重要性，强调对学生的跨文化意识和交际策略的培养。学习日语不仅仅是学习一门语言，还是学习一种不同文化背景下的交流方式和价值观。了解日本文化的特点和习俗，可以避免在交际中产生误解和冲突。在进行跨文化交际时，学生需要学会运用适当的交际策略，如尊重对方、倾听他人、适当运用礼貌语言等，以建立良好的人际关系。为了更好地培养学生的跨文化交际能力，课堂教学和课外活动应相结合。在课堂上，教师可以通过展示日本文化的图片、视频等多媒体教材，帮助学生更好地理解日本文化，加深学生对日本的了解。通过角色扮演、小组讨论等活动，培养学生的口语表达能力和跨文化交际能力。而在课外活动方面，学生可以积极参加日语角、日本文化讲座、日语沙龙等，切实提高自己的交际能力。

学生对跨文化交际策略的掌握包括对日本文化、日本风俗习惯、日本人的生活方式、日本人的思维方式、商务礼仪等的了解，还需要充分了解中国传统文化。教师要在中日文化对比教学中提升学生对中国传统文化和日本文化的认知，了解中日文化差异。

总的来说，目前国内高校日语专业的语言交流环境比较单一，基本局限于师生之间或生生之间，这对于培养学生的跨文化交际能力非常不利。因此，在如今的互联网时代，教师应借助网络资源创设跨文化交际环境。例如，鼓励学生借助网络平台结交日本人作为学习的伙伴、交流的对象，通过视频、小短剧等方式随时为学生创设语言环境等。

二、日语读写教学

（一）日语阅读教学

1. 日语阅读教学要点

（1）阅读速度的提高

教学大纲规定：在语言学习的初级阶段，阅读的速度应当在1分钟50～80词；在语言学习的高级阶段，阅读的速度应当在1分钟100～130词。学生在阅读训练的初期，因为尚不熟悉篇章中的词汇、语法句型、句式结构等，加之对篇章内容较为陌生，所以达到大纲的要求比较困难，只有坚持不断、循序渐进地进行训练，才能提高阅读的速度。

（2）语言的准确理解

日语属于黏着语，作为附属词的助词和助动词本就是语言基础知识学习阶段的重难点，助词的多种用法和助动词的活动变形为理解句子增加了难度。学生还经常遇到主语被省略、连体修饰成分较长、句子结构层次多的长难句子。学生对长难句的理解和分析不准确，势必影响对篇章的整体理解和把握。

（3）工具书的运用

阅读过程中免不了要借助工具书，如《新明解国语辞典》《日汉双解学习词典》等。有些学生因为觉得烦琐，不愿意使用工具书；有些学生对工具书产生过度的依赖，完全用工具书代替自身对词汇和固定句型的记忆，以上两种做法都不正确。在阅读的过程中，如果不会正确使用工具书，会降低阅读的准确性，词汇量也无法通过阅读而有所提升，也难以激发对日语阅读的兴趣。如果过度依赖工具书，那一旦脱离了工具书的辅助，阅读就难以推进。所以指导学生有效使用工具书也是阅读教学的重要任务。

（4）阅读过程中推理、分析、信息整合等思维能力的培养

阅读是一种需要进行领会的学习过程，它与写作和会话等输出式的学习方法不同。阅读的过程需要调动思维能力参与其中，如推理能力、分析能力、信息整合能力、想象能力、判断能力、归纳能力、概括能力、综合能力等。学生在阅读时需要梳理文章的结构，抓住作者的中心思想和论证方法，从中获取信息并进行逻辑思考。如果阅读时仅仅对其中的语言符号进行机械式的辨别，则难以达到阅读的真正目的。学生在朗读文章时，常常会因为将注意力放在语音、语调上，而对语义未给予应有的关注，阅读过程中没有思维的有效参与，会造成在阅读理解方面出现困难。

高年级的阅读能力培养还包括对学生的批判性思维能力的培养，使其能客观、全面地看待问题、分析问题。通过阅读日本文学作品、历史记载和新闻报道，引导学生了解各种观点和事实，从而培养自己的批判性思维。通过质疑和思考去评估信息的可靠性和真实性，并从中获取正确的知识。这种批判性思维的培养对学生的日语学习和生活都大有助益。

2. 日语阅读的目的与过程

在开展日语阅读时，要理解文字符号的表层结构，掌握一定的词汇和语句的基础知识，在这些基础上，对文章语义的深层结构进行转化，最后进行信息的加工、联想、预测和推论。

（1）阅读的目的

阅读的目的不是固定不变的，不同的人参与阅读会有不同的目的，这些不同的目的决定了阅读方法、付出的精力、投入的时间、阅读的重点有所不同。按照普遍的调查分析阅读的目的，我们可以把阅读的目的分为以下四大类，即查找特定的信息和中心思想、整合信息、批判文本、总体理解。

（2）阅读的过程

阅读的过程可以根据情感的活动分为三个层次，即获取信息、处理信息与创建信息。

①获取信息。

在阅读过程中，读者首先通过视觉系统接收文字或者符号信息，然后大脑开始解析这些文字或符号，将其转化为有意义的信息。当然这一层次是最基础、最表层的活动，读者进行信息处理和信息创造的前提就建立在获取信息上。获取信息的意义在于理解文本的信息并且能够诠释出来。

②处理信息。

当读者获取了阅读的信息之后，要对信息进行处理，将有用的信息进行筛选整合，从而更好地获得阅读的知识。具体来说，大脑首先需要识别和理解所阅读的词汇，这涉及对词汇的记忆和联想及理解该词汇在上下文中的意义。其次，需要理解语法结构及所表达的语义信息。最后，需要利用背景知识和语境知识来理解和推断文本的含义和意图。每个读者对文本所表达出来的意义可能会存在理解偏差，读者会在自己的头脑中形成个性化的总结模型，同时还会建构一个如何理解文本的框架。

③创建信息。

阅读不仅需要理解文本内容，还需要对文本进行评价和创建，这涉及对文本中的观点、情感、论据等进行评估，以及对关联信息进行创建，即将关联信息处理好后在大脑中将信息进行整合和处理，然后构建自己的信息库，以便在今后的认知过程中随时将信息知识提取出来加以利用。简单来说，就是阅读也需要记忆自己所读的内容，并在需要的时候回忆和应用这些信息。

（二）日语写作教学

1. 写作结构

（1）谋篇布局

谋篇布局也就是在写作之前学生要了解文章的体裁、写作的目的等，并对文章的结构有总体布局。对于写作来说，文章的结构是非常重要的。因此，学生要善于掌握不同体裁的文章结构以便灵活地谋篇布局。写作时，学生还应当掌握不同体裁的文章中句子的作用，灵活使用主题句、扩展句和结论句。如果文章是说明性的，那么文章中的主题句就是用来对主体进行介绍的，扩展句就是用来说明主题的，而结论句就是用来对主题进行概括的。如果文章是议论性的，那么文章中的主题句就是用来表达作者观点的，扩展句就是用来说明原因的，而结论句就是用来对原因进行总结的。

（2）完整统一

完整统一指的是文章中的内容都是为主题、观点服务的，应当始终保持与主题、观点的同步。同时还要求语句精炼，段落分明，内容丰富、充实。只有做到以上两点，才能使创造出来的文章具有表达思想的生命力，才能给人留下深刻的印象。

（3）和谐连贯

和谐连贯主要是指文章要富有逻辑性、主次分明。一篇好的文章需要作者反复打磨，仔细斟酌每个词语、每个句子，句子与句子之间的联系要紧密、流畅不赘余。同时，段落之间也要紧密相连，在思想表达上循序渐进，保持文章内容的流畅。

好的文章还有一个重要的特点，就是合理且巧妙地运用接续词。日语的接续词和汉语的连词都是一种逻辑性较强的语言表现，在连接句子与句子、段落与段落，使文章成为一个有机整体时起着很大的作用。如果一篇文章中没有接续词，前后内容之间到底存在怎样的逻辑关系会变得十分不清晰，不能进行有效传达和沟通。因此，接续词的学习在日语写作过程中尤为重要，不容忽视。

2. 写作句式

和其他语言一样，日语也有其基本句式结构。在初级阶段的写作训练中，教师要引导学生熟练掌握日语的四大基本句式结构，即主谓结构，其中分别包括名词判断句、形容词／形容动词描述句、动词谓语句（自动词）；主宾谓结构（他动词）；主补谓结构，其中分别包括主语＋补语＋谓语，主语＋补语＋宾语＋谓语；主状谓结构，其中分别包括主语＋状语＋谓语，主语＋宾语＋状语＋谓语。在日常教学中教师应当注重让学生主动分析和练习不同的句式，以提高句式运用的熟练度，进而在写作中可以自如运用。在中高年级日语写作训练中，还需要加强对固定句型的识记和灵活运用，并学着使用符合日本人思维方式的句式进行表达。

3. 写作选词

词汇是构成语言句式的基本元素，日语和汉语虽然有许多共同点，但由于字形相近而意义不同，学生在实际应用中经常会选择错误的词汇。这主要是因为他们在撰写日语作文时，受到母语的影响，难以准确把握日语词汇的意义和用法。尤其是初学者，他们在学习和使用日语词汇时，常常会遇到困扰。要突破这个难题，一方面是加强对词汇的语义、词性、固定搭配、用法等的深度学习，另一方面是从语用的视角出发去辨析最容易造成误用的日汉近义词的差异。

4. 拼写与符号

拼写主要是指对日语单词的拼写，符号主要是指对日语标点符号的运用，这些都是语言学习中的基础知识。写作需要熟练掌握单词的拼写并准确使用标点符号，因此，日语写作教学中应当重视拼写和符号。在日常教学中，教师应当注重培养学生的正确拼写和符号使用习惯，在细节处展现严谨的教风、学风。

三、日语翻译教学

（一）日语翻译教学概述

语言是人类重要的沟通工具，但是不同地区的语言又有很大的差别，因此需要将具有相同意思的不同语言进行转换，才能使不同地域的人们理解语句的内容，以保证正常的交流互动。日语翻译教学指的是对学生进行日语和汉语转换能力的教学，其中包括日语翻译成汉语和汉语翻译成日语两种。在翻译的形式上，翻译可以分为口译和笔译两种。会议传译、随从传译、联络传译是口译常用的三种类型，这三种类型是根据活动性质来区分的。其中，会议传译又被细化为两种类型，分别是同声传译和交替传译。笔译主要是对一些文字作品进行翻译，其中包括文学作品、期刊文献、新闻报道翻译等。

听、说、读、写、译是日语教学中主要的教学内容，也是贯穿整个日语教学过程的五项基本功。听、说、读、写可以看作译的基础，学生只有掌握良好的听、说能力才能进行有效的口译，只有掌握较好的读、写能力才能准确地进行笔译。同时，译又能促进听、说、读、写四项能力的提升。语言与不同地域的文化有密切的关系，因此，教师在日常教学中应当引导学生关注日本文化、习俗等。另外，学生如果想提升日语综合水平应当增加自己的日语阅读量。通过大量的阅读，学生可以熟悉日语的语感并了解日本文化，从而增强日语综合运用能力。教师也应当深入了解日本文化，提升自己的职业素养，同时，了解日本文化也是对日语教师的基本要求。这样才能将日语翻译教学内容讲透，易于学生理解。

总之，日语翻译要求学生有一定的日语文化背景，并熟练掌握听、说、读、写技能，是一门具有挑战性的学科。翻译有其特有的教学体系和理论体系，需要教师有较强的日语综合运用能力和教学能力，这样才能保证日语翻译教学高效、有吸引力。

（二）日语翻译教学的过程和任务

1. 日语翻译教学的过程

进行日语翻译首先要理解翻译的源语，其次是用目的语将源语进行转换和重塑，最后是对翻译的内容进行检查，可以简单地概括为理解、表达和校对。

（1）理解

每篇文章都有其中心思想，文章的内容都是为中心思想服务的。理解指的就是在翻译之前先要通读原文，深刻领悟原文表达的中心思想，这是非常重要的一步。不论是将日语翻译成汉语，还是将汉语翻译成日语，翻译人员都要在翻译之前找准翻译原文的中心思想。如果是一字一句地翻译，那么很容易导致翻译出来的文字仅仅是在字面上与原文一致，但是无法体现原文的真正思想。另外，翻译中还会经常遇到一些专业性比较强的词汇和内容，这就需要翻译人员具有较强的专业敏感性，在翻译之前先要了解相关的专业知识。对一些特定历史背景下的作品，翻译人员要充分了解当时特定的历史环境，如实反映当时的历史状况。对于一些风格特征比较明显的作品，翻译人员应当了解作者的相关情况，根据作者所处的环境把握作者的心理活动。这些背景、知识需要教师有意识地渗透在课堂上，更多地也需要学生在学习和生活中慢慢摸索和积累。在理解阶段，教师可以引导学生从以下5个步骤加深对翻译原文的理解。

①全篇阅读，归纳文章或书籍的主旨。

②了解文章或者书籍创作的历史背景。

③再次全篇阅读，寻找翻译难点。

④向专业人员请教或者查阅相关专业书籍，解决翻译难点。
⑤把握原作品的风格。

（2）表达

表达指的就是翻译人员使用正确、恰当的语言把对原文的理解展示出来。这需要翻译人员有良好的理解基础，否则很容易造成表达的不全面、不准确。同时，要想获得较高的表达质量，还要从文化内涵层面拓展理解的深度和宽度。就日语翻译成汉语来说，对母语的正确运用和表达也是影响翻译质量的重要方面。教学实践发现，大部分学生都能够理解原文的意思，但最终呈现的译文很多都不通顺，这反映出日语专业学生的母语能力还亟待加强。母语表达能力之所以欠缺，分析如下。首先，学生对提高母语表达能力的重要性认识不够，没有采取相应的行动。其次，教师对这个问题的认识也不够深入，教材中也没有涵盖相关内容。仅仅强调母语表达的重要性是远远不够的，教师需要采取实际的措施，并将这些措施融入初级阶段的翻译教学中，以提高学生的母语表达能力。

（3）校对

校对指的是对已经完成的翻译作品重新检查，保证原文意思表达得正确、合理。翻译是一项复杂、细致的任务，很难一两次就能完成。第一次翻译会形成翻译的初稿，这其中必然会有翻译不准确的地方，需要翻译人员改进。有的可能不符合文字的表达习惯，有的可能不符合作品的整体风格，还有的可能会有翻译遗漏，这些都需要在校对环节更正。校对也是一个非常重要的环节，这一环节可能需要反复校对，对翻译人员的耐心是一个严峻的考验，因此翻译人员要形成良好的心态和稳定的情绪。

2. 日语翻译教学的任务

日语翻译教学指的就是对学生翻译能力进行培养的教学。在日常生活中，人们见到的翻译人员大多是职业化的翻译人员，一般是通过翻译工作获得一定的劳动报酬，他们通过对语言的翻译让人们以母语的方式理解外语所表达的内容。在日语翻译教学中，教学的目的主要就是让学生具备翻译的能力，以便在工作、生活中运用这种能力。翻译能力是一项综合能力，可以从五个方面体现出来，分别是专业知识、语言外能力、查询能力、双语能力和翻译策略能力。

（1）专业知识

专业知识指的是翻译作为一门学科，其本身有自己的理论体系和理论知识。翻译专业知识是指导学生翻译实践的重要理论。在日语翻译教学中，教师要将专业知识讲透、讲明白，让学生真正领悟知识，做到融会贯通，可以举一些例子具体讲解。当前社会信息技术快速发展，人们可以实时了解世界上的各种新闻事件，经常需要翻译人员对国外新闻进行翻译，这其中就有很多翻译实例。教师可以通过翻译实例引出翻译理论，如影响翻译的三个因素：文本类型、读者身份和翻译目的。举例在教学中是一种非常有效的教学手段，当然在实际教学中，教师还应当增加学生实际练习的机会以加深学生对理论的理解。

（2）语言外能力

语言外能力可以看作学生在翻译过程中运用其他学科知识的能力和文化能力，是一种综合学科能力，体现了学生的综合素质。翻译时会遇到不同学科的文章，其中大部分专业知识都可以通过网络查询到，但是文化知识需要学生在日常生活中逐渐积累。语言外能力从侧面反映了学生的跨文化交际能力。

（3）查询能力

查询能力代表了学生查询所需知识的能力，主要也是因为翻译学生缺乏其他学科的专业知识，需要迅速、准确地查找相关内容。在实际教学中，教师应当尽可能地选择专业性比较强的文章让学生练习，这样能更好地加快学生查找的速度，锻炼学生的查询能力。

（4）双语能力和翻译策略能力

双语能力从字面意思上看指的就是学生运用外语和母语的能力，这对学生来说是非常重要的，也是基础能力。在日语翻译教学中，教师应当采取积极的态度和有效的方法鼓励学生提高自己的双语能力，主要有两种方法。一是让学生模仿翻译文稿，不但要模仿翻译成品，还要模仿外语原稿。通过模仿，学生可以了解不同文章的写作要求、格式等，进而提升翻译能力。二是着重让学生翻译具有语言差异性的文章，提升学生的语感，使学生了解中日文化的差异。以上两种训练不但可以提升学生的双语能力，同时也可以提升学生的翻译策略能力。任何语言的翻译过程都会遇到翻译难点。翻译策略能力主要体现在学生是如何解决翻译难点的和采用什么样的翻译方案以使翻译作品最能体现作者的思想，从这一点上讲，翻译策略与翻译技巧是相通的。由于中日文化的差异性，在具体翻译中会遇到一些词语缺失的情况，这就需要翻译者具有良好的中日文化知识，以便妥善解决翻译中的词语缺失问题。在日常教学中，教师应当注意此类问题，锻炼学生举一反三的能力。

（三）日语翻译教学的内容

1. 翻译基础理论

学习基础理论知识，有助于打开学生的思路，为学生的翻译学习提供理论指导，让学生对翻译有一个总体、系统的认识。这是学生学习翻译的基础，也是将来进行翻译工作的基础。

2. 翻译技巧

在翻译活动中，翻译技巧是对文本在语音层面的操作和操控。日语是一种黏着语，其独特的语法功能需依赖助词或助动词来展现。这使得日语的词序具有高度灵活性，为翻译带来了诸多挑战。在面对日语翻译时，我们应秉持"以不变应万变"的原则，保持原句的语义、语感和风格，用汉语准确地呈现。有多种日汉翻译方法可供选择，包括直译、反译、加译、减译、转译、变译、分译和移译等。这些方法各有特点，可根据具体语境进行选择和运用。

3. 中日语言对比

语言是文化的折射，它体现了一个地域的文化、思想、风土人情等。因此中日语言对比除了要比较词汇、句式等基础语言知识，还要重点比较中日文化方面的差异。两种不同文化折射到语言表述上，使二者有细微差异，对其细微差异的准确感知，在某种程度上决定了翻译作品的质量。

4. 翻译实践

翻译实践是学生根据自己掌握的知识进行翻译的过程，是学习翻译的最终目的，需要良好的翻译理论基础作为支撑。翻译理论一定要与翻译实践相结合，只有将课堂所学的理论、方法和技巧渗透到翻译实践中去，才能相互渗透、相得益彰。教师不仅要让学生知道如何判断一篇译文是好的译文，还要使学生通过大量的翻译实践和练习去摸索针对什么样的句子应该采取什么样的翻译方法，如何才能完成一个质量相对较高的翻译作品等。只有经过这一系列的理论学习与实践应用才能真正学好翻译这门功课。

第四节　多维化教学评价体系

一、形成性评价

（一）形成性评价的含义

美国芝加哥大学的斯克里文（Scriven）教授在1967年提出了形成性评价这一概念。1976年，美国著名的心理学家布卢姆（Bloom）将形成性评价运用到教学活动中。国外很多专家学者从20世纪90年代开始重视形成性评价在教学中的作用。与终结性评价相比，形成性评价注重对学生日常学习过程中的表现、所取得的成绩及所反映出的情感、态度等作出评价，是基于对学生学习全过程的持续观察、记录、反思而作出的发展性评价[1]。我国的研究者从20世纪80年代便对形成性评价展开了研究。

（二）在日语教学中采用形成性评价的意义

近几年，日语人才竞争越来越激烈，日语就业形势也越来越严峻，具有跨文化能力的应用型、创新型、复合型人才更加受到用人单位的喜爱，而较高的教育质量对人才培养目标的顺利实现有着直接的影响。因此，通过分析日语课程需求，合理安排日语教学内容，实施有效的日语教学评价，从而正确地进行日语教学，是日语教育改革和发展的必然选择。日语教育要加大力度研究国际前沿的教学方式，增强课堂教学的知识性、互动性、多样性、灵活性、拓展性，激发学生的日语学习兴趣，提高课堂教学效率[2]。在传统的高校教育中，课程、教学、评价三者呈线性关系，将考试结果作为衡量学生学习的唯一标准，这无疑忽视了学习过程的重要性。然而，教育的真谛并非仅仅在于结果，更在于过程。因此，我们需要改变这种单一的评价方式，使之更加全面、客观，更能反映学生的综合素质。

评价应与教学融为一体，形成一种发展性的评价方式。这种方式强调对学生的全面发展进行评价，不仅关注结果，更注重过程，从而能够更好地激发学生的学习兴趣，培养他们的综合素质。在这样的评价体系中，学生不再是为了考试而学习，而是为了自身的全面发展而努力。教师应将课程和教学评价整合，采用形

---

[1] 林静.形成性评价在高校课程评价中的应用[J].现代教育管理，2011（9）：66-68.
[2] 束定芳，王惠东.外语课堂教学功能的重新思考与定位[J]外语与外语教学，2004（8）：19-21.

成性评价，这是一种有效的教学策略，可以促使学生不断进步和发展。采用形成性评价，可以使学生在学习过程中不断得到反馈，了解自己的优点和不足，从而调整学习策略，不断提高自己。同时，这也培养了学生良好的学习习惯、自主学习能力和语言表达能力。教师可通过评价反思教学不足，改进教学方法，提高教学质量。这种反思和改进的过程实际上是教师专业发展的过程。教师可以根据学生的学习情况，调整教学内容和方法，使之更加满足学生的需求。这样，教师的教学质量会不断提高，学生的学习效果也会越来越好。

（三）在日语教学中采用形成性评价的效果

在传统日语教学中，侧重于考试成绩的评价方式忽视了学生在学习过程中的需求和感受，导致一部分学生丧失了学习的动力。而形成性评价将学生放在首位，采用多样的评价方法，注重学习过程而非最后的成绩。教师通过给予评语等形式，差异化地关注每个学生，保护他们的自尊心，激发他们参与教学活动的积极性。在这种模式下，学生不仅成为课堂活动的主导者，也是评价活动的主体，从而提高学习效果。特别是那些日语基础比较差、性格内向的学生，在这种新的评价模式下，他们能够发挥自己的优势参与到教学活动中来，对自己和同伴进行评价。

学生的课内学习过程、课外学习过程、合作学习能力和综合学习能力均在形成性评价的关注范围内。通过实施形成性评价，学生的综合素质和能力得到了显著提升。在小组合作学习的过程中，学生的团队协作能力、解决问题能力、创新能力都得到了锻炼并有所提升。同时，教师的教学观念得到了更新，课堂教学紧紧围绕学生开展，教师由传统课堂的主宰者转变为学生学习的引导者、参与者、合作者。教育评价的改革已经发生，不再由教师单一决定，而是演变成教师、家长和学生共同参与的过程。在这个过程中，教师会根据学生的学习反馈，灵活调整教学策略和方法。通过增进师生之间的交流，教师能够更好地掌握学生的学习状况，了解他们的需求，而学生也能更深入地理解教师的用心。这种模式强调了三方共同参与的重要性，旨在提升教学效果，能够有效地促进教与学。

二、表现性评价

（一）学习目标与表现性评价

传统的日语学习目标重视语言知识的传授，以终结性评价来检测学生的学习结果，无法对学生的综合能力作出全面的评价。为了改变这种现状，日语专业教育必须转变教学理念、更新学习目标。为了顺应新时代社会对高校人才培养的新需求，我国出版了《普通高等学校本科专业类教学质量国家标准》。按照这个标准，学习目标要具备三个要素：可观察行为、表现条件、达成标准。可观察行为指的是通过教学学生能做什么（能说什么）；表现条件指的是完成行为所需要的条件，由辅助手段、信息提供、时间限定、情境等组成；达成标准指的是行为的准确性或者结果满意度[1]。新的学习目标强调实践能力，而非单纯的知识掌握。传统的终结性评价难以全面评估学生在实践、问题解决、交流合作等方面的能力，因此，我们需要引入表现性评价，全面考查学生的学习过程。表现性评价由任务和评价两部分组成，旨在检验学习目标的实现。在日语教学中，表现性任务是教师根据学习目标和教材内容设计的真实或模拟的交际场景和具体行为，学生需要在这些场景中运用已有的语言能力，完成实际或接近实际的交际活动，以解决实际问题。这些表现性任务包含了学习目标的三要素，教师需要根据这些要素制定评价标准。表现性评价要求学生在具体的情境下，重新组合已掌握的语言知识，通过知识迁移完成表现性任务。它既关注学习结果，也关注学习过程，对学生的操作行为进行评价。因此，在制定评价标准时，教师需要考虑学生完成这些行为的过程。换句话说，表现性评价要求学生在实际情境中展示出他们的实践能力，通过解决实际问题，证明他们已经掌握了所需的知识和技能。这种评价方式不仅能全面评估学生的学习效果，还能激发他们的学习积极性，提高他们的实践能力。

（二）表现性任务与评价标准

1. 表现性任务设计

与自然习得环境相比，在日语教学中，为了创设一个富有趣味的课堂环境，教师可以设计一系列实际交际活动的表现性任务。这些任务包括演讲、发表、角色扮演、课题完成、短剧表演和辩论等，旨在为学生提供更多进行日语交流的机会。在设计这些任务时，教师需要用简洁、明确的语言描述各项活动，以便学生清楚了解任务要求。同时，对这些表现性任务的行为过程和结果进行评估，有助于激发学生的积极性，提高他们的日语表达能力。

---

[1] 李锋. 基于标准的教学设计：理论、实践与案例 [M] 上海：华东师范大学出版社，2013.

2. 表现性评价标准的制定

表现性评价不仅重视过程，也重视结果，教学和评价是整合在一个整体中的。美国评价专家斯蒂金斯（Stiggins）认为，任何课堂教学质量最终取决于课堂教学所运用的评价的质量，如果评价能够在课堂层面得到良好的运用，那么学习效果将会得到极大提高[1]。因此，教师要先确定表现性任务的标准，让学生在执行任务时能够清楚了解预期的结果，从而提高学习的有效性。扩展开来，这意味着教师要为学生提供明确的指导，确保他们在完成任务的过程中能够达到既定的质量标准，并在完成后对自己的表现感到满意。这样一来，教师不仅能激发学生的学习兴趣和积极性，还能提高教学效果。

三、多维动态综合评价

（一）过程性评价

过程性评价是一个全面关注学习参与度、互动性和目标达成的评价体系，分为课前、课堂、课后三个阶段。在课前阶段，通过收集学生在互联网教学平台上的登录次数和观看微视频的时长，来评价学生的学习参与度。在课堂阶段，注重师生和生生互动，通过观察学生的团队合作能力、语言表达力和自主学习能力，来评估他们在课堂中的表现。在课后阶段，通过考查学生课后拓展练习的完成度和准确率，来了解学习目标达成情况。数据收集是过程性评价的重要组成部分。互联网教学平台能够提供学生在资源上传、问卷、头脑风暴、作业答疑等方面的数据，为教师提供丰富的评价依据。教师需要根据这些数据，持续关注学生的学习状况，做出相应的教学调整，以提高教学效果。在这个过程中，教师的引导作用至关重要。他们需要确保评价的公正和客观，同时引导学生积极参与课堂讨论，提高学生的自主学习能力。通过教师的引导和学生的自主学习，教学目标得以逐步实现。这个过程性评价体系不仅关注学生的学习过程，也关注他们的学习效果。通过持续的反馈和调整，教师能够更好地了解学生的学习状况，为学生提供更有针对性的教学。同时，这个过程性评价体系也能够为教学决策提供有力支持，帮助教师优化教学策略，提高教学质量。

（二）终结性评价

终结性评价主要通过传统的期中、期末考试来进行，以评估每学期的教学效

---

[1] 李锋. 基于标准的教学设计：理论、实践与案例 [M] 上海：华东师范大学出版社，2013.

果。这些考试旨在衡量学生对知识的掌握程度和综合运用能力。

（三）实践性评价

实践性评价侧重于对学生参加日语学科竞赛、技能类比赛的结果，国际日语能力测试、日语专业四级、日语专业八级等重要考试的通过率，参加企业实习实训的表现展开评价。日语是一门应用型学科，教师尤其要鼓励学生深入行业，在行业体验中有针对性地提升自我。行业企业专家也要参与人才培养方案的编制，帮助高校完善培养目标，共同制定以实践能力和创新能力培养为核心的评价标准。

教育评价的方式正在从原有的形成性评价与终结性评价相结合，转变为多维动态综合评价的新模式。这种新模式全方位追踪学生的学习成效，不仅关注他们的学习过程，同时也看重学习结果，更进一步地，包括了对学生实践能力的评估。在这个新模式中，评价的主体不再仅仅局限于教师，而是扩展到了学生、企业和社会群体。这样的大转变实现了评价的客观性和全面性，使教育评价更加公正、科学。教师可以根据多维动态综合评价的报告，深入反思并适时调整教学方案。这样的评价方式不仅有助于提高教学质量，更能助力学生全面了解自己的学习状况，从而获得更好的学习效果。

第四章 日语教学方式与内容创新

时代不断发展，对日语教学提出了更高的要求，因此在日语教学中应当不断加入新的内容。本章为日语教学方式与内容创新，分别从日语教学方式创新和日语教学内容创新两个方面进行介绍。

第一节 日语教学方式创新

一、新媒体技术在日语教学中的应用

（一）多媒体教学

1. 多媒体教学的内涵及其素材

（1）多媒体教学的内涵

多媒体是用多种方法、多种形态传输（传播）信息的载体，它是一种将信息学、传播学、计算机学、心理学等融于一体的传播媒体。多媒体技术具有信息载体的集成性、多样性、交互性、实时性、独立性等特性。

多媒体教学是通过投影仪、电子白板、音响设备、中控系统、计算机等数字教学设施，再配合教学软件（多媒体电子教室系统），利用多媒体图、文、声并茂甚至有活动影像的特点，达到理想的教育效果的教育形式。应用多媒体进行教学，能够传递较大的信息量，能够对教学信息进行有效的组织与管理，不仅有利于学生习得知识，而且有利于激发学生的学习兴趣。

（2）多媒体教学的素材

多媒体教学的素材主要分为以下5种。

①文本。文本是指各种文字及文字段落。与其他媒体元素相比，文字表达

的信息具有准确性和概括性的特点,是使用最多的一种媒体形式,是人们表达思想和情感常用的形式。通过对文本显示方式的组织,可以使显示的信息易于理解。

②图片。我们把图形、图像类素材统称为图片类素材。图片可以形象、生动、直观地显示出大量的信息,是最容易被学生接收的信息。它是多媒体教学中,学生分析、理解教材,解释概念或现象常使用的元素。

图形即矢量图,反映了物体的几何特性。它是由一个个图元组成的,而图元是最简单、最基本的图形,如点、直线、圆、圆弧和曲线等,可以用这些图元建立复杂的图形。

图像也称位图,是指由扫描仪、数码相机等输入设备捕捉的实际场景画面或以数字化形式存储的画面。简单来说,图像是对物体形象的影像描绘,是客观物体的视觉再现。图像的色彩丰富,画面复杂,真实感强,适合表现丰富的色彩层次。

③音频。声音是人类生活中使用最多和最方便的听觉信息载体,同时也是多媒体教学中一个基本的元素。音频可以把任何声音都进行采样量化,并恰当地还原出来。将音频信号集成到多媒体中可以使无声教学变为有声教学,提高教学的可听性,从而达到烘托教学气氛、激发教学活力的效果。

④视频。若干幅内容相互联系的图像连续播放就形成了视频,视频主要源于摄像机拍摄的连续自然场景画面。传统的视频信号是模拟的信号,其图像和声音信息是由连续的电子波形表示的,如录像带中的模拟信号。录像带中的模拟信号表示的是实际的真实图像,而在计算机上的是数字化的视频信息,其主要是通过视频源(如录像机、电视机、摄像机或视频播放机等)用视频捕捉卡捕捉下来的数字化信息。

⑤动画。动画是运动的图画,实质上也是一幅幅静态图像连续播放的过程。动画依靠时间与图像内容上的连续进行动态的呈现,即播放的相邻两幅图像之间的内容相差不大。

计算机动画的制作原理是在传统动画制作原理的基础上使用计算机技术生成一系列可供实时演播的连续画面技术。在动画制作过程中计算机起着重要的作用,表现在画面创建、着色、录制、特技剪辑和后期制作等环节上,并可以达到传统动画所达不到的效果。

2. 多媒体教学的表现形式

多媒体教学的表现形式主要包括计算机辅助教学、计算机辅助学习、计算机化教学、计算机化学习、计算机辅助训练和计算机管理教学等。下面介绍一下计算机辅助教学、计算机辅助学习和计算机管理教学。

（1）计算机辅助教学

计算机辅助教学是现代信息技术和现代教学理论在教学中的应用，是多媒体技术在日语教学中的主要教学形式之一。计算机辅助教学强调以运行在计算机上的课件为核心，而课件的设计、制作和运用则是对教学理论、教学设计、程序设计和多媒体技术等多种技术的综合运用。计算机辅助教学以运行在计算机上的日语课件来呈现日语的教学内容，利用数字化的声音、文字、图片及动态画面，展现外语学科中的可视化内容，采用传授知识、提供范例、上机练习、自动识别概念和答案等手段展开日语教学，采用灵活多样的交互方式来控制教学的进程，从而更好地实现教学的目的，提高教学的效率。

（2）计算机辅助学习

计算机辅助学习指各种使用计算机进行学习的方式。这一方式重点在于学生与软件直接进行交互，能使学生学习更主动，从而激发学生的学习兴趣和学习动机。计算机辅助学习主要通过操练、练习、模拟、游戏和建模等形式与学生进行交互。

（3）计算机管理教学

计算机管理教学主要指利用计算机帮助教师管理和指导教学过程，并为教师进行教学决策提供所需要的信息。计算机管理教学的内容主要包括管理学生成绩、编排课程表、出考题、评价学生的学习成绩等。

3. 在日语教学中运用的多媒体技术

（1）课件开发平台

课件开发平台就是专为制作教学课件而设计的工具软件，其中包含了大量的程序模块。开发者在开发平台中调用某一功能，实质上就是调用了一个或几个程序模块，而调用该功能时进行的一些设置，实质上就是为这个程序模块设置参数，该程序模块根据参数实现相应的功能。目前，有很多多媒体教学课件制作工具，它们为多媒体课件的制作提供了开发平台。

（2）文字处理技术

文字处理技术就是利用计算机对中日语言进行输入、切换、编辑、格式排版、打印和存储等处理。文字采用不当会影响多媒体课件教学效果,因此在制作文字时应注意选择适当的中文环境,文字使用要规范、合理,以提高文字的总体表达效果。

(3)图形图像处理技术

图形图像处理技术就是利用计算机对图形图像进行截取、编辑、显示、压缩、解码、锐化、复原、识别、存储等处理。制作图形时应满足教学内容的表达要求,加强图形的艺术性和简洁性。图像是对物体辐射或反射的电磁波强度的连续多维信息的反映。在多媒体日语教学课件中,图像常用于表达具体的教学对象,能够增强教学的形象性。

(4)数字音频技术

数字音频技术就是将从话筒、光盘、录音机等渠道获取的声音进行数字化处理,以对其进行录音、压缩、编码、编辑、放大、回放、混合等处理。在日语教学中,数字音频技术主要用于语音训练、听力训练和口语表达等。

(5)数字视频技术

数字视频技术就是将传统模拟录像设备上的模拟视频转换为实时采集的数字视频,并对这些数字视频进行编辑、压缩、编码、传输、存储等处理。数字视频具有实时无损传输、随机存取等优点。由于数字视频内容来源丰富,在日语教学上的应用范围也很广。

4.多媒体日语教学设计

教学设计是根据教学对象和教学目标,运用系统方法协调教学系统中的诸要素,对教学过程进行整体设计,以实现教学最优化的过程。多媒体日语教学设计就是以教育信息技术为手段,根据日语教学内容与教学目标,通过精心创设日语教学的环境和学习条件,周密分析学习目标、学生的特征和学习过程,以取得教与学最佳效果的过程。

(1)多媒体日语教学设计的基本准则

多媒体日语教学设计的基本准则如下。

①必须以教学目标为出发点。在进行教学设计时,应紧紧围绕教学目标选择教学媒体、确定教学内容、安排教学时间等,在教学中教师要以直接或间接的方式告知学生的学习目标,促使学生顺利进行学习,并为学习评价做好准备。

②以学生在学习过程中构建"概念框架"为中心为学生提供"先行组织者"。为学生提供先行组织者,能使学生将现在所学的知识与原来所学的知识建立联

系，这种联系主要通过解释、综合、归纳等形式进行。这样能提高学生的信息编码能力，使学生运用自己的言语方式组织学习内容[①]。

③运用不同的图解方法，促使学生形成知觉组织。在日语教学过程中，可以用简明的图表或视觉形象，将学习内容组织成有意义的整体，使认知对象迅速从认知背景中分离出来。用易记的结构方式来组织复杂的信息，可以提高学生的学习效率。

④采取多种多样的教学活动，使学生保持持久的注意力。在教学过程中，教师应避免长时间讲解课件，还应适时地变换教学方法，缓解学生的学习疲劳，调动学生的积极性。

⑤避免过于花哨的教学形式。有的教师为了提高多媒体教学的吸引力，会在课件上设置过多的不相关的动画，或是过多地向学生播放视频等，这往往会使学生的注意力集中在与学习不相关的内容上，教学效果往往不理想。

（2）多媒体日语教学设计的主要步骤

①教学目标与学生分析。在进行教学设计时，通常课程教学目标是确定的，为了实现总的教学目标，应该对它进行分析并分解，构成一个教学目标体系。除了对教学目标进行分析，还要对学生的特点、发展规律、已经掌握的知识情况进行分析。

②情境创设。根据教学目标体系中的分解目标设计教学情境，以多媒体辅助进行情境创设，以便教学内容在真实或虚拟的情境中传递。

③信息资源设计。根据教学目标体系中的分解目标，对应地分析信息资源，结合所创设的情境，对信息资源进行分配、管理，并运用相关的学习理论，根据教学需要提出方案。

④自主学习设计。自主学习能力对学生自身的发展尤为重要。因此，教师应以提高学生自主学习能力为目的，为学生设计系统性的学习任务，如阶段性的学习目标、学习内容、学习计划等，并指导学生如何进行自主学习。

⑤合作学习环境设计。合作学习环境的设计主要是指如何针对教学目标、内容和学生的实际情况进行有关多媒体教学条件和环境有效利用的方案设计。

⑥强化练习设计。根据教学目标，充分利用多媒体技术并遵循多媒体教学原则，设计出效率高、效果好的强化练习。

[①] 何高大.现代教育技术与现代外语教学[M].南宁：广西教育出版社，2002.

5. 多媒体技术在日语教学中的发展方向

多媒体技术在教学的实际应用中，给教育改革和教育现代化带来了深远的影响。随着社会经济的不断发展，科学技术水平的不断提高，广大教师和学生对计算机应用的积极性随之不断提高。在这一背景下，多媒体技术在教学中的应用范围将不断扩大。从国内高校对多媒体技术的应用状况和建设方向上来看，多媒体教学将朝着以下3个方向发展。

（1）设备智能化

随着科学技术的不断发展，计算机、投影仪、音响等教学设备的质量、性能等迅速提高。如计算机运行速度的加快、存储容量的增大、功能的扩展等，越来越朝着人性化的方向发展。由此可见，多媒体教学系统将会具有智能化的功能，不仅能对多媒体信息进行检索、加工与组织，还能对信息进行分析、识别和处理。

（2）系统网络化

多媒体教学改变了传统教学中的线型信息的传递方式，实现了人机之间的交互作用。从阅读方面来讲，它由抽象的文字扩展为图文并茂、动画等多种跨越时空的模式。

知识间的连接充分利用了人类联想记忆的网状组合方式，从而大大提高了学生的阅读兴趣与学习效率。但是在多媒体教学系统中，各项教学工作诸如信息的采集、存储、加工和显示等都是由计算机独立完成的。

网络特别是网络通信技术的发展，将会打破这种独立性，多媒体教学也会将现代先进的通信技术应用到教学实际中，将分布在各地的教育信息系统集合在一起，组成一个综合的网络系统，使各地的优秀资源和教学理论成果得以广泛地传播与分享。多媒体教学系统与网络通信的结合，不仅能够实现信息资源共享，还能分担系统的整体负荷。如同一任务可交由多台计算机进行处理，当某一教学系统发生故障时可转移到其他系统中进行处理。利用网络通信技术还可以实现对大量数据的远距离传输，为教学资源共享创造条件。多媒体教学更显现出其形象逼真、场面直观、情境连续、人机互动、高效节约等优势。

（3）功能综合化

功能综合化即只使用某一种设备就可实现多功能操作。在多媒体教学最初开发阶段，教学设备功能单一，只能实现教学的某一功能。整体教学的实现必须借助多台教学设备。随着硬件配置不断完善，有希望将教学所需要的所有功能都集中在一个设备上，集学生学习、教师教学于一体，实现资源共享，实现无限制、自由的学习与教学。

（二）移动终端日语教学

在当今大学校园里，智能手机、平板电脑几乎成为人手必备的通信工具，基于这样的高普及率和方便实用性，如果能够建立一种教学模式，实现师生互动学习，对于日语学习来说是一项有益的尝试。

移动终端教学指的是运用移动网络技术、通信技术，通过科技终端，实现随时随地可学习的一种碎片化学习方式。移动学习具有便携性、个性化、实时性、交互性等特点。移动学习能够极大地发挥学生的主观能动性，培养学生强烈的学习动机和浓厚的学习兴趣[1]。

1. 移动终端应用于日语教学的基础

（1）移动终端在学生中的普及

目前高校外语教学的对象多为"00后"大学生，在信息大爆炸时代出生的他们，在成长过程中见证了"互联网+"的飞速发展对人类社会所带来的巨大影响。与传统的纸质课本内容学习相比，大学生更青睐指尖上的学习方式，且具有熟练运用技术的能力。大学校园里，智能手机、平板电脑几乎成为人手必备的通信工具，除了作为人与人之间传递情感、沟通交流的工具，也在自主学习过程中起到了举足轻重的作用。

（2）移动终端在教学上的优势

①传统教学的利与弊。

在传统教学模式中，学习资源均以纸质教材为媒介，知识点以板书或PPT的形式呈现，授课形式是课堂教学中常用的"一对多"讲授式。多年以来，这种教学模式在日语学习中还是有其必要性和不可替代性的。一方面，在课堂教学中，学生与教师近距离接触，有利于教师第一时间纠正学生的错误发音，时效性较强。另一方面，在多次修改教学大纲后，课堂教学学时不断缩减，要在短时间内学完课本的全部内容，就要对教材内容有所取舍。如何取又怎样舍，这个问题只有在课堂教学过程中，根据学生的真实反映定夺。现今信息技术高度发达，教学模式不断创新，传统课堂教学难免有些跟不上形势。

---

[1] 车斌. 高职日语教学的设计与策略[J]. 辽宁高职学报，2006，8（5）：94-95.

②利用移动终端学习的优势。

其一，移动终端设备的便携性。移动终端设备具有体积小、可随身携带、不受时间和地点限制、屏幕分辨率高、支持文本和动画、可播放视频及音频、可安装软件、可发送语音和视频信息等诸多优点，可以满足学生随时随地查询和学习的需要。而学生在利用手机查询的过程中，又实现了从"被动学习"向"主动学习"的转变。其二，利用移动终端学习的实时性。利用移动终端设备学习，可以随时随地查找生词、语法，获得最新的知识和前沿动态，从而弥补纸质教材内容陈旧、更新较慢的缺陷，做到与时俱进。其三，移动终端教学的个性化。如今市面上学习日语的软件有数十种，每种软件都有自己的独特之处，学生在完成课堂学习的同时，可自行在手机中选择满意的 App 进行补充学习，既突出重点又体现个性。其四，移动终端学习的互动性。只要有网络覆盖的地方，教师就可以利用智能手机与学生建立"群"的联系，随时发布消息、分配任务。另外，在情境教学方面也能为学生提供高效的服务。

2. 基于移动终端的教学模式

（1）信息交互式学习模式

目前网络上的沟通平台很多，在开展整体授课前，由教师创建群，并且作为群的管理者，在每次上课前，在微信群或 QQ 群或学习通等平台发布学习任务，由学生自行查阅学习资料或上网浏览得到答案，并在课堂上做总结和梳理。其优点在于：①学生在课堂上往往因过于紧张不能好好思考或回答问题，通过群与学生建立联系，提前分配任务，给学生充足的思考时间，降低挫败感，提升成就感，为学生营造宽松的氛围，从而提高其学习积极性；②学生有疑问也可以在群里联系或私信教师得到解答，真正做到因人而异、因材施教。

（2）浏览器下的外语查询学习模式

我国教育改革开始至今，从培养学生"学会"到培养学生"会学"，取得了长足进步。当代学生的日语"学习力"日益增强，学生对于知识的渴求不仅限于纸质教材中的课程安排，更多的学生有"想要学得更多、更好"的要求。在这样的"自我学习"模式下，对课外知识的汲取成为学生的迫切需求。移动终端设备，尤其是智能手机，是学生首选的学习手段。在"自主学习"过程中，学生遇到难题时，可第一时间通过浏览服务器找到答案，省时、省力，使学习有序进行。

（3）可视通话交互的学习模式

以"大学日语"课程为例，该课程作为一门基础语言学科，要完成的教学目标有：掌握基础知识；具有听、说、读、写的基本技能；具有日语综合运用能力和跨文化交际能力；用日语完成各种任务。外语的学习要以"听"为起点，以"说"为途径，以"读"为媒介，以"写"为提高，以"译"为目标学习。作为公共外语的"大学日语"课程，与专业日语相比，课时少、任务重是目前面临的难题。为培养学生听、说、读、写、译的能力，除课堂教学外，教师要利用课余时间，建立日语学习群，定期展开热点讨论，答疑解惑，也可邀请日语外教参与视频交流，并实现多人同时视频通话，让学生听到最地道的日语，得到最满意的答复。这样可实现：增强师生互动，拉近与学生的关系；摆脱哑巴日语的局面，做到学有所用；加快学习进度、拓宽知识面，更好地贯彻新版教学大纲的指导思想，培养更加优秀的外语人才；实现学习资源共享，教师与学生共同进步。

3. 对移动终端学习软件的要求及展望

目前学生认为市场上的 App 有以下不足：收费过高；讲解不全面；不够生动，很多语法就是语言点的罗列；连贯性较差；整体性不强。鉴于以上问题亟待一款适合自主学习、性价比较高的日语学习 App，其内容设计要做到以下四方面：第一，模块设计科学系统。由于日语专业的学生有充足的理论学习时间（专业课时相对较长）、合理的课程安排（包括精读、会话、听说、写作等课程）、人数众多的外教（日语专业会按照学生人数配比日本教师）、丰富的图书馆藏（我国各高校的日语专业均建有自己的日语图书室，以方便师生查阅文献）、专业教室等有利的外围教学硬件，对日语学习软件的需要度并不高。恰恰是学习第二外语的学生或业余爱好者会将注意力放在各类学习软件上。一个好的 App 在每一课应该分出若干区域，如单词板块、课文板块、习题板块、情境对话板块、关联知识板块等，合理布局学习内容，以方便学生学习。第二，既精致又具有画面感。学习界面的画质、创意、格局、内容分配，都要做精心的策划，不能单纯地罗列语法或照搬教科书。而如何做到精致，则需要软件编写者与美工积极配合，还需要大量的市场调研和走访，听取试用者的意见和建议。第三，关联性与整合性缺一不可。语言知识是一个系统的整体，每一次课的结束是下一次课的开始，要循序渐进地进行课程设计。此外，随着学习难度的加大，后期需要掌握的语言点越来越多，而学生的后期记忆也会出现断层，如果是传统的课堂教学，教师可以做回顾和梳理，带领学生温故知新。在 App 中，为了弥补不能"温故"的缺陷，可以使用超链接，在新知识中穿插着旧知识，通过简单的手指触屏即可查询加以巩固。第四，趣味性与知识性高度相关。手机 App 毕竟不是必修课，没有授课计划，没有课堂教学。学生只有对软件产生兴趣才能持续使用，并不断加大学习难度。如何做到趣味性则是难点和重点。可以在 App 中加入动画、动漫、精美图片及有声视频，还可以加入一些趣味知识，以开阔学生的眼界，了解日本文化的各个方面。期待在今后的日语教学中，能够切实用到更好的日语学习软件作为有效的教辅，力求更完美地完成教学目标，培养优秀的日语人才。

二、"互联网+"在日语教学中的应用

21 世纪，信息化技术在教育领域中进一步深化，"互联网+教育"更为高校教育积极探索多元化教学模式提供了可能。高校"互联网+"多元化日语教学模式可以按照如下流程构建：准备阶段，包括在线资源整合、电子课件制作、微课视频录制、互动平台发布。实施阶段，包括学生自主学习、生生交流答疑、课堂小组发表和课后作业完成。评价阶段，包括教师评价、学生评价和小组评价。党的二十大报告首次把教育、科技、人才进行"三位一体"统筹安排、一体部署，并首次将"推进教育数字化"写入"办好人民满意的教育"部分，提出"推进教育数字化，建设全民终身学习的学习型社会、学习型大国"。这赋予了教育在全面建设社会主义现代化国家中新的任务，明确了教育数字化未来发展的行动纲领，具有重大意义。"互联网+教育"使高校教育的生态环境得到改善，使高校传统教育焕发出新的活力，为积极探索多元化教学模式提供了可能。

（一）"互联网+"在高校的适应性

众所周知，当今高等教育以培养具有综合素质的创新人才为目标，特别是理工科院校，更是注重对学生创新和实践能力的培养。而高校日语专业教学是从零起点开始的，相对于英语专业，学生在有限的时间内需要学习的内容更多，同时，应用型高校的日语专业学生又有着自己的特点。

第一，为了适应应用型大学的教育特色，在学分设置上大多高校不断增加实践教学学分，减少课堂教学学时。这直接导致日语专业出现学时不足，教学内容无法保质保量完成，教学方法单一，教学效果难以提升等问题。

第二，随着网络技术的普及和发展，在教学中使用多媒体技术、整合网络资源进行学科教学得到普及。然而，从网络资源的利用情况来看，目前还存在很多问题：学生对网络平台的使用集中在 QQ、微信等，对其他的网络平台使用率较低；在网络学习资源的利用上，存在盲目利用的现象，如学生倾向于使用百度文库等网站资源，而忽视了对网络日语试听、阅读和在线词典等专业网络学习资源的使用。"互联网＋教育"为日语多元化教学模式提供了选择的可能。教师可以利用"互联网＋"所提供的庞大的信息资源对教学内容进行补充，优化课内，强化课外，改变枯燥的传统课堂，实现课内课外的结合，引导学生发挥自主能动性，开展自我学习。

（二）基于互联网的日语教学

1."互联网＋教育"的功能性

互联网能够为教育提供丰富的资源，开创新型的教育教学模式，开拓教育教学的网络新空间。利用互联网的开放性、交互性、自由性等优势可以使教育教学突破传统教育教学的局限，使其具有广泛性、普遍性、平等性、创新性。

互联网的教育教学功能体现在两个层面：一是被动教育教学层面；二是主动教育教学层面。被动教育教学层面是指在网络世界中，人无时无刻都会接触到各式各样的信息，在无意识的过程中被动地接收信息，在潜移默化中受到熏陶与教育，从而实现互联网的教育教学功能。主动教育教学层面是指身处互联网的主体出于某种目的，主动地在网络世界里寻找相关资源，自主地在网络中选择个性化的教育教学服务，实现完全意义上的自主学习。

互联网的教育教学功能深刻地影响和改变着社会教育、学校教育和家庭教育。第一，在社会教育领域，互联网主体借助网络所受到的社会教育要比过去广泛和深入得多，接受社会教育的深度和广度也能得以增加。第二，在学校教育领域，学校教育正在主动适应互联网带来的新变革。一方面，网络化的教育手段已成为学校普遍运用的教育手段，教师进行多媒体教学、网上授课、网上辅导、网上研讨和交流等已较为普遍；另一方面，学生也积极利用网络进行学习、交流和研究。第三，在家庭教育领域，家长对子女的教育也受到网络的影响，他们正在学习使用网络教育平台，以实现与学校教育的互动，更全面地掌握子女的学习情况，更好地为子女的学习提供帮助，如主动地为子女定制个性化的网络教育服务、在网络上学习家庭教育知识、与他人交流家庭教育经验等。

互联网的教育教学功能对传统教育教学观念提出了挑战，要求对教育教学方法、手段、内容、评价等进行全面的创新，从而实现个性化教育、自主性教育、终身教育等。

2. 互联网辅助下的日语教学的独特性

（1）教学主体的去中心化

教学主体即教师是日语教学的承担者、发动者和实施者。教学主体在传统的日语教学过程中具有明显的主体性特征，对日语教学的内容、方向、目标、过程、方法和结果都具有较强的控制性和掌握性，在日语教学系统中具有十分重要的作用。但是，随着互联网的快速发展，网络环境下信息极度开放，信息获取机会日益平等，过去"不对称"的信息占有状况和信息获取渠道被网络的开放性、平等性打破，教学主体已经不能独占日语教学的"话语权"，其中心地位逐渐丧失。

（2）教学客体的自主性

与教学主体地位去中心化同时发生改变的，还有教学客体自主性的增强。教学主体的权威性和中心地位的逐渐丧失，其实是网络环境下人们主体性扩展在互联网辅助日语教学中的表现，相对于教学主体地位的去中心化，教学客体则表现出更多的主导权，自主性增强。教育客体也就是学生自主性的增强表现在：自由选择是否接受教育、自由选择教学内容和信息、自主选择教学方式、主动控制教学进度等方面。

（3）教学载体的技术性

当互联网成为日语教学的载体时，网络自身所具有的技术特征必然使日语教学具备技术特征，并伴随着教学内容、教学主客体、教学方式的变化。互联网日语教学是以计算机技术、多媒体技术、网络技术、通信技术、视音频技术、动画技术及虚拟现实技术等为支撑的。利用这些技术可以自主交换和传输，包括文字、数据、声音、图形、图像、动画等日语教学信息，突破传统教学方法的限制，从而极大地提高日语教学的效果。从这个层面上看，技术性不断增强的教学载体是互联网辅助日语教学最为基础的实现条件。

（4）教学手段的针对性

网络是一个内容和形式多样的平台，它为教师多渠道地进行日语教学提供了条件。因此，互联网辅助下的日语教学能够满足学生的需要，为学生提供全方位的信息，以促进其全面发展。

（5）教学过程的互动性

教学过程的互动性是指学生与教师、管理人员等在知识、情感、文化等方面所做的交流互动和所形成的互动关系。这种教学过程的互动性依托先进的网络技术和多样的网络互动平台，主要有网络论坛、网络聊天工具、学习平台、社交网络等。网络交流互动工具的多样性和功能的丰富性极大地满足了教学主客体之间的互动需要，使交流互动活动变得更加便捷。

（6）教学环境的虚拟性与超越时空性

虚拟性、超越时空性是网络的本质特性，也是网络本质特性在日语教学上的要求。互联网辅助日语教学的虚拟性是指基于网络虚拟空间的日语教学的存在状态是以数字化符号的方式存在的，表现形式主要是文字、声音、图像、动画、视频等。教学环境的超越时空性主要表现在网络日语教学时间和空间的分离、空间与场所的分离等。互联网的这一特性，使网络日语教学可以很方便地进行，实现日语教学信息的即时传递。

（7）教学空间的开放性

通过校园网络，学校的各种学习环境具有了相关性，打破了传统学习环境的封闭性，学生与学生之间、学生与教师之间、教师与教师之间可以进行无障碍的信息交流与学习活动。因此，利用互联网辅助日语教学能够打破传统课堂教学的限制，发展学生的个性，使学生更好地进行日语学习。

3. 互联网为日语教学带来的机遇与挑战

（1）互联网为日语教学带来的机遇

①互联网创新了日语教学的模式。

互联网集文字、图像、声音、动画等媒体信息于一体，充分调动了用户的多种感官，具有极强的感染力。它所提供的视觉环境、听觉环境、触觉环境、心理环境、交际环境、情境认知环境等，符合学生身心发展的规律，能够刺激学生的求知欲，极大地激发学生的想象力，调动学生的积极性，促进学生的全面发展。在利用互联网辅助日语教学时，可充分利用网络所具有的交互性、自由性、多样性等优势，让学生参与到日语教学中，进行有选择性的、自主性的日语学习。同时网络信息的可复制性、共享性、实时性，能够使学生与学生之间、学生与教师之间进行交流，有利于知识的传递。

②互联网丰富了日语教学的手段。

互联网作为一种信息交流的工具，它所具有的优势如信息传输的及时性、传输的信息数据量大、交互性强、覆盖面广、表现形式多样等,明显要优于传统的广播、电视、杂志、报纸、图书等传播手段。可以说,互联网能够为日语教学的创新提供新的理念、内容与手段。在网络时代,日语教育可以融入网络的各种形式当中,学生通过网络能快捷、迅速地获得所需要了解的内容。利用互联网这一平台,能够使日语教学环境由封闭走向开放,教师与学生之间可以进行实时的、无障碍的、平等的交流,这样大大提高了日语教学的实效性。

此外,网络课堂、网上论坛、电子信箱等,都是学生乐于接受的交流形式。如果充分利用网络的这些特点和优势,把日语教学的形式和内容设计得多种多样,无疑会大大提高日语教学的影响力、辐射力、吸引力和感染力。

③互联网突破了日语教学的时空界限。

传统的日语教学总是受到时空的限制,学生必须集中在同一地点、同一时间接受同一主题内容的教育。这种方式没有顾及学生的语言基础、接受能力及性格特征的差异,采取的是"齐步走"的模式,这也从根本上违背了教育规律,结果必然使教学效果大打折扣。而互联网却能够解决这一难题。

互联网是开放的、自由的,它打破了原有的界限,使原有的相对固定的教育场所变成了社会性的、开放性的、立体式的教育空间,不同学校、不同年级的学生都可以在网上与教育者进行交流,这在一定意义上克服了传统日语教学的弊端。此外,互联网的交互性可以使日语教师及时了解学生的需要和学习动态,有针对性地对学生进行引导,大大提高日语教学的效果。

(2)互联网为日语教学带来的挑战

在网络化教学环境中,挑战与机遇并存。如果不能正视和回应网络社会出现的这些挑战,就不能很好地把握机遇。

①对教师权威的挑战

在传统的日语教学中,教师会因为其身份和具有完备的知识结构而具有较强的权威性。在互联网教学中,由于互联网具有平等性、自由性等优势,对教师的权威提出了挑战。在传统的教学中,教师的身份、地位、权威是由教师神圣的职责决定的;而在网络教学中,教师与学生平等交流,这就对教师的权威提出了挑战。

在传统的教学中,教师是学生所接受知识的掌控者,教师的知识结构、知识范围和知识层次对于学生来说具有很高的知识权威性,而在网络教学中,信息传播形式多样,信息传播及时,还能实现资源共享,个人或任意的群体都可以以很小的成本获取和处理自己所需的相关信息，因而就对教师的知识权威提出了挑战。

②对教学方式与内容的挑战

传统日语教学主要采取以教师为中心的讲授式教学，这种形式强调把知识灌输给学生，课堂教学比较注重知识体系的完整性和逻辑性，但缺乏教学的生动性、形象性和灵活性，往往使学生感到枯燥无味。而在声色兼备、图文并茂的互联网教学中，学生面临着多元的信息选择，具有较强的自主性。学生更趋向于依靠自身的认识与理解对事物进行一系列的分析、辨别和判断。因此，传统的日语教学方式面临着挑战。

教师在对学生进行日语教学时往往将教材和参考书作为参考，教学内容相对空泛，缺少当代特色。而互联网更新速度快，有关日语的词汇、社会文化等内容不断更新，这就要求日语教学不论是课堂教学还是课外活动，都需要在动态变化中不断实现内容更新，紧跟日本文化的发展，使教学内容更加丰富、全面，在创新中寻求更具时代意义的突破。

③对学生自身的挑战

网络虽然能使不同地域、不同国家的人进行交流，扩大了人与人之间的交际范围，缩短了人与人之间的距离，但是网络上人与人之间的交流具有一定的虚拟性，是通过机器进行的交流，即"人—机—人"的交流形式。这种将计算机作为交流中介的交流形式与现实生活中进行的交流形式具有明显的差别，它明显淡化了交流双方的各种社会属性，因而带有"去社会化"的特征。

具体来说，这种交流形式通过数字符号使交流双方建立联系，双方之间缺少真实的交流，更谈不上身体语言的沟通。学生习惯于在网络上通过文字、图片的形式表达自己的思想，缺少与人面对面进行真实环境下的交流，这就限制了学生口语能力的发展，势必会对学生的社会交往与交流能力的发展造成影响。

4. 基于互联网的日语教学的路径

（1）构建综合的校园网

校园网是一种建构在多媒体技术、现代通信网络技术之上，为学校学习活动、教学活动、科研活动、管理活动服务的校园内局域网络环境。

校园网是由网络硬件系统、网络软件系统和网络信息资源三部分构成的综合网络信息系统。网络硬件系统主要由服务器、用户终端、相关的通信设备和器材组成，它的主要任务是为校园网提供信息存储、传输与使用的载体。网络软件系统主要由网络操作系统、网络管理系统和网络应用系统相应的软件组成，它的主要任务是对校园网硬件系统进行管理与对信息资源进行处理。网络信息资源也被称为信息资源库，是基于网络的关于教学理论、教学活动、教育科研的数字化资源的综合。网络信息资源是整个校园网的核心。

校园网可实现校内与校外之间的通信，提供诸如电子邮件、远程教育、远程访问、网络会议、专题研讨、信息搜集、信息发布、文献浏览、问题交流等信息服务。通过校园网提供的信息化教学环境，教师能够快速地查询和浏览所需的信息资源，借鉴其中有用的资源进行教学设计和专题研究工作，以不断充实自身的文化知识，满足学生对知识的需求。教师可以充分利用网络的优势进行教学，可通过网络利用多媒体教学课件讲授教学内容，使学生利用多媒体视听设备进行学习；也可以通过网络为学生布置作业，考查学生的学习情况，及时了解学生存在的问题并提出有针对性的解决策略。此外，还可精选优秀教师的教授课程，以及制作优秀的教学课件，并将其放置在网络平台上，实现资源共享，供其他教师学习和借鉴，从而整体提高教师的综合素质，全面提高教学质量。

（2）建立一支高素质的网络日语教学队伍

培养造就一支高素质的网络日语教学队伍，是做好网络日语教学工作的先决条件和重要组织保障。因此，要开展网络日语教学，当务之急是建立一支既有较高的日语专业知识水平、懂得语言教学规律，又有较全面的网络应用知识，对网络文化有所了解，并能自觉把网络技术应用于日语教学实践，在网上开展日语教学的队伍。

建立一支高素质的网络日语教学队伍，一方面要求日语教学工作者具有扎实的日语专业知识和大量的辅助知识，如教育学、传播学、法学、经济学、管理学、心理学、历史学等方面的知识；另一方面要求掌握计算机技术、网络通信技术、多媒体技术等，并能熟练地将这些技术应用到教学之中，及时解决教学和网络技术等方面的问题。只有将上述所说的各项知识与技能充分结合起来，才能有效地利用网络展开日语教学。

（3）开设平等互动的日语网络课程

目前计算机和网络日益普及，不论是单位、社区还是学校都为开设网络课程创造了物质条件。网络课程可以根据形势定期或不定期推出新的讲课内容，介绍相关的日语书籍、期刊和著名网站，介绍理论热点和研究的思路等。网络课程突破了传统教学的教学周期、课时限制、空间限制等因素，通过为学生提供各种信息资源，提高了学生的学习兴趣。

日语网络课程的开发要注意教学内容的选择，要充分与网络的特性相结合，选用与之相匹配的媒体形式，如对于日本的历史可通过视频的形式进行介绍，对于日语语音可通过音频的形式进行讲解。在同一个网络课程系统下，可设置多个网络课程模式供学生选择，以针对不同的学生开展教学。

通过开设日语网络课程，还可对学生的学习情况进行测试。学生学完一课的内容后，可直接进入学习效果测试模块，进行相关选择题、对错题、简答题等形式的测验，以便进行知识的巩固。

网络课程的教学模式分为两种：同步模式与异步模式。同步模式是教师与学生不在同一地点，但在同一时间进行日语教学与学习的模式。在这种模式下，教师与学生之间可以产生互动。在进行教学活动之前，教师要对所讲授的内容进行选择，并通过计算机将其转换为多媒体信息的形式，如文本、图形、声音、动画等，并将这些数字信息上传到网络服务器上。在教学过程中，教师通过网络对这些内容进行展示与讲解，学生实时接收信息，并作出反馈与评价。

异步模式是教师与学生不在同一时间、同一地点进行日语教学与学习的模式。教师事先通过摄像机把所要教的内容录下来并传到网络服务器上，学生根据需要对这些内容进行下载与学习。当学生遇到问题时，可以通过向教师发送电子邮件、利用实时通信软件如微信、QQ等与教师进行交流；也可以在电子公告牌、网站留言板上与其他学生或教师进行讨论。运用异步模式，可以随时随地开展教学活动，学生可根据自身的学习情况自主分配时间进行学习。但是，这种模式缺乏实时性，遇到问题不能及时解决，对服务器和用户终端也有一定的要求，需要实时联网，并要提供相关的教学材料[①]。

（4）建设互联网日语教学阵地

路径是指实现日语教学内容的组织形式，是教育者对受教育者实施日语教学时可以利用和选择的渠道。要进行互联网日语教学，首先要有一个开展教学活动的阵地，这是互联网日语教学的基础。

①加强对日语主题网站的建设。

要加强对日语教学网络阵地的建设，建设有特色、有吸引力、有影响力，贴

---

① 何高大.现代教育技术与现代外语教学[M].南宁：广西教育出版社，2002.

近校园、贴近师生的融思想性、知识性、趣味性、服务性于一体的日语主题网站，这是网络日语教学的一项基础工程。

首先，要明确网站的定位，打造富有特色的日语教育网络体系，促进日语主题网站信息服务的全面性和综合化。日语主题网站建设应以学生的实际学习、现实生活为主，根据不同学生的发展特征和不同需求，建设出具有特色的主题网站，丰富学生的学习内容，为学生提供全面的、综合化的信息服务，让学生有更多的选择。在网站的传播手段上应充分体现网络的"多媒体"特性和优势，要符合网络受众的心理和行为习惯。

其次，要提高日语主题网站信息服务的时效性和互动性，及时更新信息服务内容、教育形式，采用新的传播手段，增强日语教学内容的时代性。通过网站用户的注册、留言板的解答、电子邮件的往来、实事新闻的传递、多元信息的查询等方式，有效地实现用户与网站的交互；通过设置聊天室、电子论坛、虚拟社区等，有效地实现用户与用户之间的交互。

最后，在建好日语主题网站以后，要时刻对其进行管理，根据学生的需要及时更新网站，充分发挥网络媒体信息传递快捷的优势。

②建立日语专题资料库。

计算机具有较强的处理和储存信息的能力，应充分利用这一特点，把与所学日语相关的日语词汇、日语语法、日语听力、日语阅读、日语考试资料等内容建设成具有专题性质的资料库，以供学生随时、随地获取所需要的信息。在进行日语专题资料库建设时，应包含学习书签和搜索工具。利用学习书签，学生可以标记所浏览的内容，以便查阅。利用搜索工具，学生能够快速找到所需的内容，为查找节省时间。

③建设网上日语影院。

观看典型的日语电影能够提高学生日语学习的积极性，也能增强学生日语听辨、口语表达的能力。日剧，特别是日本动漫尤其受学生的喜爱。可充分利用这一优势，在互联网上建立相关的日语影院，让学生自由选择，各"点"所需、即"点"即看，实现个性化服务。但是，必须严格筛选日语影院中的内容，要选择那些语言规范、内容积极向上的电影，避免不良电影对学生造成不利的影响。

（5）开展网上日语讲座和咨询

要充分利用榜样效应、名人效应和权威效应，有针对性地邀请专家、学者举办讲座，并为学生提供可下载的讲座信息资源，让学生自主选择要听的讲座。还可建立网上咨询系统，定期或不定期收集一些热点话题，安排教师在网上值班随时回答提问，也可以采用发送微信、QQ消息的办法进行。

（三）"互联网+"多元化日语教学模式探析

1. "互联网+"多元化日语教学模式设计

综合日语课程作为零起点日语专业的核心课程，是集语言学习的听、说、读、写、译等多种技能于一体的综合课程。因此，要想在有限的学时内达到教学目标，更需要借助网络资源把课堂内外结合起来。可以尝试结合"互联网+"的交互性特点，设计综合日语教学模式。相对于传统的网络平台的单一性，"互联网+教育"视域下的教学模式依托优秀的网络资源及先进的多媒体技术手段，通过使用移动设备（智能手机等），实现随时随地移动学习。

首先，要求学生课前充分预习。教师通过微信或QQ等通信软件，将事先整合好的网络资源及微课视频发送给学生，同时布置课堂小组活动任务。学生通过课下的碎片化时间提前预习知识点，同时在交流平台上把自己预习时遇到的问题以留言或者实时交流的方式与教师和同学交流、解答。其次，课上教师可以就学生课前交流时所遇到的共性问题进行解答，同时以个性化和小组合作的学习方式促使学生对知识点进行深度运用。最后，教师根据课堂反馈在课后布置有针对性的实践作业，同时要求学生发布到交流平台。借助交流平台共享和互动的特性，可以进一步变革教师指导、生生互改、生生讨论等多样化的互动教学方式。

2. "互联网+"多元化日语教学流程设计

（1）教学准备阶段

目前，国内有一些较完善且评价较高的日语学习网站。这些网站上除了有丰富的学习资源，包括在线词典、考级词汇及语法、会话音视频、读解听力材料及大量的在线新闻和练习等，还能做到实时更新，为日语学习者提供前沿的日本文化资讯。需要注意的是，因为日语学习网站的内容丰富，一些学生常常把时间浪费在浏览、选择上。因此，教师需要根据教学实际有目的地筛选，引导学生进行自主学习，使之真正对课堂教学起到辅助作用。此外，教师应提高信息化的教学能力，将课堂教学延伸到课外，可以制作电子课件、录制微课视频，以节省课堂教学时间，有效完成教学中重难点的讲解。

以"互联网+"为依托的教学准备阶段打破了传统教学时间和空间的限制,有效补充了教学时间,同时也极大地促进了教师教学水平的提升,促进了教学团队的建设。

(2)教学实施阶段

现阶段,应用型高校日语专业教学具有零起点生源多、课时少等特点,更需要日语教学从理论教学转化为实践教学。

通过自主学习和在QQ、微信等平台进行交流和讨论,大多数学生能够在课前掌握基本的语法知识点,并在此基础上以个体或者小组的形式完成教师布置的课堂任务。在前期的课堂准备及学生反馈的基础上,教师结合翻转课堂和任务式教学理念设计课堂教学活动,以重点点评的方式解答平台上的疑难点,引导学生综合运用语言应用能力进行口语交流[1]。

无疑,在以"互联网+"为依托的教学实施阶段,学生将成为课堂活动的积极参与者和完成者,而教师则成为课堂活动的组织者和监督者。这样的课堂教学,不仅实现了以学生为主体的课堂教学模式,同时通过课堂内外的联动又能为学生提供口语交际平台,实现应用型高校日语教学理论与实践的完美结合。

(3)教学评价阶段

相对于传统的考试考核体系,以"互联网+"为依托的日语教学评价体系更能全面反馈学生的综合语言应用能力。根据学生在共享信息平台的参与情况及课堂教学活动中的表现,采取教学评价、学生互评、小组互评等多元化的评价方式,适当增加平时成绩的比重,能够激发学生的学习兴趣,提高学生开展学习的主动性。综上,"互联网+"多元化日语教学模式能借助互联网平台,使学生利用碎片化时间随时随地学习,提高学生的日语学习主动性;通过共享信息平台加强与学生的交流,引导学生开展自主学习、合作式学习,解决应用型高校日语教学课时少的问题。"互联网+"时代,机遇与挑战共存,"互联网+"多元化日语教学模式既给高校日语教师和学生带来了机遇,又给高校日语教师和学生带来了新的挑战。如何引导学生正确利用互联网,如何在使用互联网的过程中加强自我管理,这是值得我们长期研究的课题。

(四)"互联网+"时代的日语智慧教学

当今社会已经进入了一个信息技术飞速发展,移动互联网和大数据技术广泛

---

[1] 林彩虹.基于翻转课堂下的高职日语翻译课程教学策略研究[J].黑龙江教育学院学报,2017,36(5):60-62.

普及的时期。"互联网+教育"这一新型教育形态要求教学不应仅局限于固定场所、固定时间，而应基于信息网络技术、通信技术、大数据技术在任何时间、任意地点展开教学。日语教育是一项动态的工程，仅依靠有限的课堂学习难以达到语言知识学习和语言技能发展的目标，迫切需要现代教育技术支撑外语教学发展。

1. 智慧教学的定义

智慧教学是近些年提出的一种教学理论。所谓智慧就是指人们所拥有的对事物的认知和探索的能力。智慧教学主要是通过智慧环境、智慧教师和智慧教学模式三大板块进行构建，并有效发挥三大板块的作用，最终培养出智慧型人才的教学模式。这种教学模式的最大特点之一就是利用移动互联网、多媒体、大数据和物联网等高新技术来构建教学环境，进而创新现有的教学方式，提升教学质量。

2. 日语教学中智慧教学设计

完整的教学过程通常包括课前、课中、课后三个环节。课前是学习内容的准备阶段，课中是学习内容的导入阶段，课后是学习内容的巩固阶段。智慧教学模式下的教师在整个教学环节中应始终扮演指导者、组织者的角色。在这三个阶段，我们可以利用互联网使教学效果达到最佳。

（1）课前

在传统模式的基础日语教学中，教师通常都会要求学生自主预习新单词和课文，而实际情况是在课前能主动完成预习任务的学生不多，教师在上课前也无法获取学生预习情况的各项数据。在智慧教学模式下，教师可借鉴翻转课堂的方式，让学生先在互联网上寻找相关资料自行预习，也可在课前发布与授课内容相关的视频资源，以提高学生学习的兴趣，使学生加深对背景文化知识的了解。同时教师还可以将预习课件推送到学生手机上，学生可以利用互联网随时随地学习，实时与教师进行沟通，教师也能实时获取预习学生的数量及进度数据。整个过程充分满足了学生的个性化学习需求，有利于学生自主学习能力的培养。

（2）课中

在传统模式的基础日语教学中，教师通常都是以讲单词、讲语法、讲课文、做练习的流程在课堂上对学生进行知识点的灌输，以教师为主导、班级同步教学的特点明显。采用这种教学方式，容易导致课堂缺乏互动，教师无法得知每位学生对知识点的掌握情况，教学效果不佳。

在智慧教学模式下，信息技术与互联网技术伴随整个课堂。学生可以利用互联网同步接收教师的授课课件，在教师对知识点的讲解过程中还可同步匿名反馈不懂的内容。互联网的使用便于教师调整教学节奏，教师也可以通过推送互联网习题的方式及时了解学生对知识点的掌握情况。此外，弹幕互动、答题红包等当下流行的网络元素也被智慧工具引入课堂中，使课堂气氛更活跃，学生的学习方式更灵活，教师获取学生的各项学习数据更及时。

（3）课后

在传统模式的基础日语教学中，教师会通过布置课后作业的方式来检验学生的学习效果。作业的布置也意味着教师接下来要面对辛苦搬运作业本、做机械式批改、耗时统计作业完成情况等问题。长此以往容易让教师产生疲劳感和职业倦怠感。

在智慧教学模式下，利用智慧教学工具教师可以通过互联网在课后及时将作业推送到学生手机，并能实时获取学生作业的完成情况及答题数据。互联网的使用极大地缩减了教师检查作业的时间。有些智慧教学工具在课程结束后还会向教师自动推送课堂小结，通过查看课堂小结教师可以了解到该堂课的所有数据，如课堂人数、习题数据、课件数据等。

第二节 日语教学内容创新

本节主要从日语教学中的跨文化教育和日语教学中的思政育人两方面论述日语教学内容创新。

一、日语教学中的跨文化教育

（一）外语教学中文化教学引入模式的构建

外语教学中构建文化教学引入模式主要包括三个部分，即教学内容的构建、学习环境的构建、教学方法的构建。

1. **教学内容的构建**

文化是一个耳熟能详的词语，但却很难给出一个既明确又能为人所普遍接受的定义。胡文仲教授将文化分成三个层次：第一个层次是物质文化，它是经过人的主观意志加工改造过的；第二个层次是制度文化，主要包括政治及经济制度、法律、文艺作品、人际关系、习惯行为等；第三个层次是心理层次，或称观念文化，既包括人的价值观念、思维方式、审美情趣、道德情操、宗教信仰，也包括哲学、科学、文学艺术方面的成就和产品。

外语教学中文化教学引入模式下教学内容的构建所涉及的主要是后两个层次的文化。各个国家、各个民族的经济生活、政治生活、历史背景、地缘环境，以及人种和民族特质等方面具有差异性和多样性，决定了不同的文化也具有差异性。这些文化上的差异造成了外语教学中的重重障碍，如文化缺失、文化误读、文化负迁移等，这些对于跨文化交际产生影响的因素究其根源都是由自身民族文化与异质文化之间的差异造成的。文化教学引入模式下教学内容的构建实际指的就是对于文化知识的储备，这种知识的储备不仅仅局限于对于目的语文化知识的储备，同时也应包括对于自身民族文化知识的储备。这种对于相关文化知识的积累与储备既能为外语教学奠定坚实的基础，又能为外语教学树立正确的观念和态度，为外语教学的开展也提供了有力的保障。

2. 学习环境的构建

文化教学引入模式下对于学习环境的构建主要体现为在外语教学过程中对目的语文化学习情境的构建。

教师在进行文化教学的过程中，有目的地引入一定的目的语文化场景，既可以提升学生的兴趣和体验感，同时又可以增强学生的语用能力。这种对于目的语文化学习情境的构建既要做到尽可能的真实，也要考虑到学生的语言能力水平和实际交际需求。这种对于目的语文化学习情境的构建有助于提高学生跨文化交际的能力。当今对于目的语文化学习情境的构建早已摆脱了课堂教学的束缚。随着信息技术和互联网技术的飞速发展，文化教学的环境不论是从时间上还是空间上都得到了无限的延展。在构建学习环境的过程中，根据建构主义的理念，外语教师在进行目的语文化引入教学实践时，应引导学生主动比较自身民族文化和目的语文化在文化内容上所反映的不同文化之间的性质、规律以及不同文化之间的内在联系，从而实现对两种文化更加深刻的理解。

3. 教学方法的构建

对于外语教学中文化教学的方法，不同的教育理论家和教学实践者从不同的角度提出多种教学方法。由于每种教学方法的出发点和目的性存在差异，所以每种教学方法产生的结果也不尽相同。因此为了实现学生综合文化素质的提升，仅仅采用一种教学方法是不够的，外语教学中文化教学方法的构建实际上是一种复合型的综合体。经常用到的教学方法有以下6种。

（1）文化对比教学法

文化对比教学法即通过对自身民族文化和目的语文化的比较进行学习，习得两种文化间的相同和不同之处。这种教学方法的提出是基于外语学生在学习过程中必然受到自身民族文化和目的语文化共同影响这一实际情况。当自身民族文化和目的语文化有共通之处时，教师通过采用文化对比教学法，可以使学生对所学文化更容易适应；当二者间的语言差距较大时，借助文化对比教学法，可以加深学生对目的语文化的了解，在一定程度上减少不同文化间的碰撞。

（2）文化保存教学法

所谓文化保存是指保持自身民族文化的生活方式和价值观念，抵御目的语文化的生活方式和价值观念的渗透与入侵。语言文化教学的目的不仅仅是实现目的语先进文化的引入，同时还要实现自身民族优秀文化的弘扬和有效传播。文化保存教学法有助于自身民族优秀文化的保护，培养学生在跨文化交际过程中理性、客观地看待自身民族文化，主动推广自身民族优秀文化，实现跨文化交际的平等进行。

（3）文化适应教学法

文化适应是对一种新文化的适应过程，是对新文化的思想、信仰和感情系统及其交际系统的理解过程。通过构建良好的教学环境，受教育者尽可能地浸润在目的语的先进文化中，从而在熟悉、体验目的语文化的同时，减少文化差异所带来的不适。教学环境的构建、国际合作教学的深入开展、涉外交流活动的积极参与都可以实现这样的效果，都属于文化适应教学的手段。

（4）文化阐释教学法

在众多的文化教学方法中，文化阐释教学法属于较为直接也较为常用的一种方法。文化阐释教学法指的是在外语教学中教师对于教材中所涉及的文化背景内容进行直接说明。文化阐释教学法在涉及专有名词、典故、文化空缺等情况时，能够产生较好的教学效果。这种教学方法的优势在于能够快速、直接地使学生了解、掌握目的语文化中一些在自身民族文化中缺乏对应项的信息。

（5）文化收集教学法

文化收集教学法是一种基于建构主义理论的文化教学方法，强调的是学生自主进行目的语文化结构的构建。学生在教师的组织和协助下，主动进行目的语文化信息和资料的收集、整理、判断和加工，通过与教师、其他学生和目的语者的交流，形成自身对于目的语文化的认知。在这一过程中，教师应注意监控与引导，当学生在文化收集过程中出现方向性错误时，教师应进行及时的干预，确保教学有效开展。

（6）文化体验教学法

在语言文化教学的各种方法中，文化体验教学法属于最为直观性的教学方法之一。目前外语教学中的文化体验教学法常以海外研学、夏令营、冬令营的方式出现，将受教育者置于目的语社会，使受教育者尽可能地融入目的语文化，通过直观的感受去认知和理解目的语文化。尽管这种教学方法使得教学成本大幅度增加，但是所获得的信息往往是第一手的，教学效果也相对更加明显。

随着世界政治、经济、教育等方面交流的日益深化，各国的政府、教育界都认识到了外语教学中文化教育的重要性。语言文化教学不论是对认识、理解、借鉴目的语先进文化，还是继承、弘扬和传播自身民族优秀文化都有着积极的现实意义。目的语文化的学习对于外语学习具有重要的促进作用，这已然成为外语教学界的普遍共识，从而推动了外语教学中跨文化交际课程的迅速发展。

（二）日语跨文化教学

文化在各个领域与学科中均有其独特的解释。在跨文化交流中，文化是关键的条件。我国的研究学者对文化有着广义与狭义两种不同的定义：广义的文化包括了人们所构建的所有精神与物质产品；而狭义的文化则特指具有特定意识形态的精神产物。文化呈现出三个主要特征：首先，文化具有社会性，也就是说文化是人类在生活与生产实践中逐渐形成的一种习惯，渐渐演变为社会准则。其次，文化是通过传承得来的，换种说法就是，并非人类天生就具有文化习惯，其是在发展进程中逐渐积累而成的，并被一代一代传承。最后，文化是系统性的，换种说法就是，文化并非静止不变，其是动态演进的。在一个复杂混乱的构架中，文化的各个组成部分之间有着一定的联系，并且各部分间的特定功能同样是相互依存的；尽管历史可能发生变化，文化仍然会不断充实自身。从文化视角进行观察，不一样的语言会因所处地域环境的不同具有一定差异性，并且其表达方式也存在极大的差异，而这种差异就包括语言背后不同文化之间的差异。在日语教学中，日本的文化因素渗透在日语词汇、语法和用法的整个学习过程中，是学生学习时的一大障碍。为了帮助学生更好地学习，我们需要从学生的心理视角去探究。造成日语学习过程中学习困难的一个重要的原因，就是学生割裂了语言本身与其所呈现出的文化内涵之间的关系。所以学习语言不仅仅意味着要学习基本的语言基础知识和基本技能，还需要了解语言所属的文化背景知识。研究日语学生的心理，最重要的目的是指导学生进行良好的日语学习，推动教师进行有效的教学实践活动。所以，需要使日语学习的学习策略和教学策略相适应，掌握正确的策略，不断发挥日语学生和日语教师的双重能动性。教师在进行日语教学时，要不断深入了解语言背后的不同文化背景知识和不同民族人民的心理特征等与文化因素相关的知识，在掌握相关跨文化知识后有助于加深对日语教学的理解。

在日语教学过程中，跨文化知识的学习不是独立存在的，而是同日语语言教学知识同时进行的。这两者相辅相成，相互促进。在进行日语教学时，教师需要明晰学生对日语知识的掌握程度。在评估学生的日语水平时，除了考虑学生是否能够流利地使用日语进行外语沟通，还需要考虑学生在实际交流中的语言运用能力。因此，学生要想整体性提高自身的日语能力，需要具有较高的理论知识水平与语言能力。举例来说，当中国人在同日内多次与同一位朋友相遇时，常常使用"你好"来打招呼。然而，根据特定的时间，日本人打招呼的用语会有所变化，这是由于日本文化非常注重时间概念。从寒暄语的使用上就能看出中日之间在文化上存在一定不同。倘若仅仅简单让学生背诵一些寒暄语词汇，那么他们将无法真正理解寒暄语的正确使用背景与文化内涵。只有教师精通日语语言知识与技能，并且能够在教学过程中将所教知识与实际语境进行结合，学生才可能真正理解与掌握。

（三）日语教学中的文化导入

1. 日语课堂文化导入的必要性

语言是人们非常重要的交流工具，也是学生学习语言的重要目的。学习日语的学生想要达到与日本人流畅地交流的程度，首先要掌握基础的词汇、语法等基础知识，其次要不断进行口语训练。在口语训练之前，学生还必须了解必要的日本文化，这样才能在沟通中准确理解对方所表达的意思，避免文化差异导致的不便。

任何民族的语言都是其民族文化的一部分，体现了民族文化具有丰富的内涵。日语也是具有悠久历史的语言，它的形成与日本的地理、人文环境有很大的关系，同时与汉语也有密切的联系。日语语言亦体现着日本人的交际观念、审美情趣等。因此，学生只有深入了解日本文化，才能灵活掌握、运用这门语言。高校外语教学中有一个很重要的教学目标就是培养学生的跨文化交流能力。这里强调了两个点，一是跨文化，二是交流。因此，学生在学习日语时还要重视对日本文化的学习与积累，这样更有助于日语交流。从文化方面来讲，学生学习日语的过程也是中日文化交流、碰撞的过程。当前，日语教师越来越重视引导学生了解日本文化，选择在课堂上导入交际文化的教师也越来越多，这是日语教学中非常良好的现象。如果对日本文化认识不足很容易出现"文化干扰"和"文化错误"。

在日常交流中，具有相同母语和文化背景的人很少会出现交流不通畅的情况。但是，具有不同文化和社会背景的人在沟通时不可避免地会出现语言理解上的错误，这是由交流双方对对方的文化背景了解不深导致的。所谓文化干扰是指不同文化背景和使用不同语言的人进行交流时会不自觉地用自身的文化认知去判断对方的言谈举止。文化干扰经常出现在外语交流中，这是因为使用外语交流中的两个人往往是在不同的文化环境中成长起来的。简单来说，文化干扰就是人们在沟通时习惯使用自己本民族的思维去理解对方的表述。在平时沟通中我们要尽量避免文化干扰导致交流失败。文化干扰主要由三个方面原因导致：自身对外语掌握得不熟练；用本民族思维去理解对方；对对方民族文化理解不深。

例如，"你"或者"您"的日语书写方式为"あなた"，是我们在日常交流中经常使用的词语，但是在日本人的交流中，这两个词一般在爱人之间使用。因此，学习日语前应当了解日语的表达习惯，避免出现误会。

文化干扰会导致交流双方无法正确理解对方的意思，进而导致在交流中产生错误，这里的错误指的就是"文化错误"。文化错误指的就是在日常交流中，虽然交流双方的语言表述不违背语法，但是由于交流双方对对方民族文化了解较少导致在语言理解上会出现错误，同时也会导致语言表达上的错误。造成文化错误的原因就是表述者习惯用本国语言标准去表述外语。

通过上面的分析可知，交流不是简单地将词汇在语法标准下进行组合，需要结合交流双方的文化背景、表达习惯等。交流时，交流双方还应当结合对方的表情、动作等理解对方所要表达的意思。语言与文化是一体的，文化是语言形成的基础，语言是文化的现实表达。在语言交流中，抛开文化去理解语言必然会造成语言理解不透彻。因此，在日语学习中，学生应当积极了解日本文化知识，在运用日语时能够从文化的角度考虑日语所表达的意思。教师在日语教学中，应当结合所教内容引入相应的日本文化，有助于提升教学质量，提高教学效率。

2. 日语课堂中文化导入的方法

教师在日语课堂中导入文化能够让学生更好地理解日语表述与汉语表述的不同，使学生在日语交流中有意识地考虑中日文化的不同，避免出现误会。同时在日语课堂中导入文化也需要一定的技巧，教师应当掌握行之有效的导入方法。

（1）比较法

比较法能够形象地展示中日语言的异同，通过对比不同的词汇、句子，让学生更好地了解词语、句子中的文化内涵，从而找出交流中产生文化干扰的因素。比较法可以通过不同形式的比较来加深学生对文化的认识，具体来说有说明比较、道具比较和事例比较。其中，说明比较指的是教师要对具有典型文化特征的词语、句子等进行详细的分析，说明其文化内涵的不同；道具比较指的是教师在教学过程中可以采用一些辅助工具来比较中日文化的不同，如具有文化背景的图片、模型、服饰等；事例比较指的是教师要具有敏锐的文化目光，能够紧紧抓住一些文化事件，揭示事件背后的文化差异。另外，比较可以是多方面的，教师不但可以比较中日文化，也可以比较中西文化，进而让学生感受世界文化的多元化。

①说明比较。

在中日文化中，有很多称呼的使用范围和使用习惯是不同的，这一点可以在教学中加以说明。比如，"おばさん"这个词是对"姑姑""姨妈""伯母"等的统称，但是在汉语中这几个词汇是截然不同的意思。另外，虽然"おばさん"在日语中也含有"阿姨"的意思，但是在日常交流中很少使用，因为这里的"阿姨"经常用来形容中年妇女。称呼只是说明比较的一种，还有很多需要说明比较的地方，这就需要教师善于总结、发现中日词语的不同。

②道具比较。

在中国人的日常生活中，如果家里有人到访，那么主人开门后一般会说"请进"，代表对客人的欢迎、尊敬。但是在日本，如果客人到访，那么主人一般会说"请上"，这与日本独特的室内构造有很大的关系。这时，教师就可以通过图片或模型来展示日本的室内构造，比较中日房屋构造的不同，让学生更加直观地理解"请上"的原因。

③事例比较。

日语中有个词汇是"はい"，这个词在日本人与西方人的交流中时常会被误解，这是因为很多西方人认为日本人说"はい"就代表了"yes"，并没有考虑词汇背后的意思。"はい"这个词在中文中一般有两种解释，第一种是表示"赞成、答应"，第二种是表示"我在听、听明白了"。不同地区的人们对日语的理解也有不同，教师可以选取与上述类似的具体事例来展示文化对语言理解的影响。

（2）解说法

在日语教学中，教师经常需要根据词语所产生的背景来具体分析词汇的含义，尤其是一些固定用语。比如，"天狗になる"这个词经常表示一个人"自负、傲慢、洋洋自得"，这时教师不但要解释"天狗"这个词的意思，还要对"天狗"这个词的派生词进行解释和分析，从而让学生全面了解这个固定用语的由来。这种对词语的解释和说明就是解说法。解说法也可以理解为对词语的注释，就像书中对某个词语的注释一样，只是这种注释不是文字上的，而是需要教师口头讲解。教师通过对不同的词语的解释进而加深学生对文化的理解，提高学生的文化修养。

（3）展示法

展示法指的是教师在教学中可以营造良好的日语文化氛围，让学生能够直接感受到中日文化的差异。这样不但能够让学生学习知识，还能让学生体会文化内涵，加深对知识的理解。教师在运用展示法的过程中可以采用不同的手段，如可以让学生观看日语电影，也可以根据词汇的使用场景让学生扮演不同的角色进行表演。教师使用展示法教学时，应当积极调动学生的参与性，尽量让学生都能够参与进来，这样才能取得事半功倍的效果。

（四）日语教学中的跨文化交际

1.高校日语教学过程中的跨文化交际问题

现代教育越来越关注人的全面发展，对人才培养的要求越来越高。日语教育也必须顺应教育发展的态势，努力培养综合性日语人才。这种综合性不但体现在学生具有丰富、扎实的基础知识，还体现在学生能够在不同文化中熟练运用日语。当前，社会快速发展，中日文化交流也越来越频繁，这就要求高校在培养日语人才时必须注重对学生跨文化交流能力的培养。对于日语学生来说，跨文化能力主要体现在两个方面，一是熟知中国本土文化，二是深入了解日本民族文化。在传统日语教学中，教师往往以传授基础语言知识为主，通过增强学生的"听、说、读、写、译"能力来提高学生的学习成绩。这种教学模式培养出的日语学生往往在考试时能够取得较好的成绩，但是在具体应用、交流时显得力不从心，这是由文化教育方面的缺失导致的。虽然日语教学中也有关于日本文化方面的课程，但总体教学时长不多，而且教学模式不够丰富。在日语等级方面考试也比较注重分数，忽略对日本文化的考核，这导致一些学生的证书等级很高却没有真正的跨文化交流能力。

在以往的日语教学模式中，语言和文化的分离还彰显了一个问题——中国文化的习得，即必须培养学生的二元文化学习能力。虽然在日语教育中学习日本文化是非常重要的，但是要实现跨文化交际，不仅需要了解对方的文化，也需要了解自己的文化。跨文化交际中有着非常多影响交流成效的原因。举例来说，不仅要对日本的文化背景有一定认知，同时还要了解本国文化知识并熟悉两国文化之间的异同，这对于学习日语的学生成功地进行跨文化交际来说非常关键。因此，学生的日语语言水平与对日本文化的认知并不是唯一的影响因素。只有熟知日本文化，理解日本人的生活习俗，并掌握自己国家的文化，才可以成功地同日本人进行沟通。在进行跨文化交流时，我们应该尊重不同文化的差异，同时也要寻求共同点。因此，在培养高校日语人才时，不仅要加强对日本文化的教育，还要传承中华传统文化。

2. 高校日语教学的跨文化交际能力提升策略

（1）加强语言和文化的学习

高校日语专业的重要任务之一，就是培养学生具备跨文化能力。目前，提高学生跨文化交际能力的关键问题，是如何让语言与文化的学习相协调。采取措施如下：首先，将中国的传统文化纳入课程中，同时在基础课程中增加日本文化内容，以此促进学生对中日两国文化的深入理解，从而实现二元文化学习的目的。其次，教师在选择授课素材的时候，应充分发挥互联网的功能，借助多样化的网络素材与在线平台对教材内容进行扩展，摒弃依赖单一教材的方式，探索多样化的学习方法，提高学生对中日文化的认识，促使他们进行跨文化比较和认知。最后，借助网络平台学习日语文化，会出现文化认知误解等，所以教师需要对学生的学习状况密切关注，并及时加以指导。在这个过程中，教师应该谨慎挑选资源，培养学生正确的价值观。

（2）提升文化自觉

我国大学日语专业的传统教学方式较为突出的一个问题是在课程设置与人才培养方面忽视了本土文化的重要性。所以，在培养日语人才的过程中，一定要提高学生对中华传统文化的认知。同时，鼓励与指导学生理解与认同社会主义核心价值观，增强他们的文化自信。这样才有助于学生用日语向全球输送中国的声音，加强中日及全球范围内的沟通。作为传承中国文化的关键代表人物，日语专业的学生在中日两国交流中有着重要的地位。并且，他们还是向外界发扬我国传统文化与讲述我国故事的中流砥柱。现阶段，呈现多元文化融合状态，大学中的日语专业一定要借助"课程思政"来夯实中华传统文化的教学，以提升学生的文化自觉。这样有助于学生更加深入地认识中国文明与传统文化，培养跨文化思辨与理解的能力，在交流中表现出自信和自主性。

（3）丰富跨文化交际环境

现阶段，在我国大学日语教育中，培养"跨文化能力"的一个困难之处是缺少多样化的跨文化交际环境。在语言学习的过程中，语言交流环境扮演着至关重要的角色。教师可以利用网络平台，为学生构建一个良好的跨文化交际环境，并通过这种方式提高学生在跨文化交际过程中的感知力与应变水平。例如，教师可以引导学生借助网络平台去认识日语的学习同伴，去结交志同道合的朋友，以此提高学生的跨文化能力。

（五）日语跨文化教学的应对方法

现代信息技术在不断发展，这使我们能够更加充分地利用资源，实现跨文化学习的目标。为了使学生受益于跨文化知识的学习，必须提高他们的语言运用能力。除了要提高学生的跨文化理解水平，还应该注重提高学生的跨文化交流水平。因此，即使教材内容是不变的，教师也要运用适合的教学方法，让学生自发地感受日语文化的吸引力。举例来说，教师可以借助角色扮演、诗歌演讲等多元化的情境，激发学生对日语文化的学习热情。如果初学日语的学生把注意力过多地集中在词汇和句型上，很可能无法深入挖掘日语学科的本质和精髓，这会对其未来的日语学习造成阻碍。学生之所以不能了解与认知日语语言文化，是因为仅仅掌握单词与语法不足以让他们对跨文化交际活动有深刻的认识。只有真正沉浸于日语文化的学习氛围中，学生才能够更好地理解跨文化交际的含义。

在日语教学的过程中，教师应该整合日语语言知识与跨文化知识，帮助学生实时调整学习方法，引导学生不只是采用少数方法进行学习，需要综合多种学习方法，并强调日语学习方法的重要性。学生只有掌握语言知识与学习策略才能发展语言能力，倘若学生不能积极地感知日语语言本身，不能充分去发现与想象，那么他们可能无法取得理想的日语学习效果。通过运用语言学习策略，学生能够高效地学习日语，而且教师也能够从学生的角度更好地了解日语教学与外语学习的情况。因此，这有助于促进日语教学的发展。

在进行日语教学的时候，教师应该对学生的情况有整体把握，积极与他们交流，弄清楚学生可能会碰到的问题。教师需要了解学生的情感状态，时刻掌握他们的学习动机与态度，以便能够及时进行纠正，帮助学生改掉错误的理念。为了让日语教学取得优异成效，教师需要基于对日语文化相关背景内容的认知，同时结合学生成长规律的特点，设计教学策略，激发学生的学习热情，进一步提升学生的语言运用能力，同时使学生对日语文化有更深入的感悟与了解。在进行跨文化交际的过程中，交际双方对于不同文化的接受度与认知程度对他们的沟通态度、适应能力等有着直接影响。倘若学生使用的语法与措辞与日本人常用的用语方式和惯例是不一样的，会导致误解，从而影响彼此的交流。在进行教学的时候倘若教师无法有效将日语语言同跨文化知识有机整合，那么学生即使可以对单词或句子进行准确掌握，也不能在跨文化交际中运用适宜的单词与词句，结果是，学生学到的文化知识无法有效地转化为实际的语言运用能力。为确保教学过程的有效性，教师应当对跨文化知识进行深入研究并定期更新，以确保其居于教学实践之核心。教师还要注重跨文化知识的应用，鼓励学生积极运用所学语言知识，以实现学习目标。

二、日语教学中的思政育人

"课程思政"是一种将思政教育有机融入专业课程中的教学方法，旨在实现每门专业课程和思政课的教育目标相一致、相互促进的教育理念。"课程思政"指的不仅仅是简单地将课程和思想政治教育相结合，而是将德育融入课程教学过程中，通过知识传授与价值引领相结合的方法，实现专业教育和价值观引导的同步发展，使其他课程也能够承担育人的责任。我们可以从广义和狭义角度理解"课程思政"：广义的"课程思政"即在学校中进行的思想政治教育活动，包括思政课、专业课与通识课等教学环节；狭义的"课程思政"即除了思政课，在专业课和通识课中开展的思想教育活动。基于创新思维，结合高校日语课程思政教学的独特之处，同时综合实际教学，总结以下四项措施，旨在推进大学日语"课程思政"教学。

（一）明确"课程思政"教学目标，引领育人方向

教学目标是教学的指南，在教学中扮演着非常重要的角色，这一点不言自明。高校在进行"课程思政"教学的过程中，需要将教学目标作为基础与前提。在选择"课程思政"资源与设计相关活动时，需要考虑高校日语课程教学的目标。"课程思政"和"思政课程"存在某种关联性，但也有不同之处。前者需要和特定的课程相整合，而后者则是一个独立的课程主题。教材作为课程内容的传递工具，也应该是思政教学的传递工具。尽管高校日语教材蕴含着丰富的人文精神，但它们的编写方式和体系不同，这导致思政元素在其中分布不均、关联性不够密切。倘若不对其挑选与融合，教材中的思政教育难以形成合力，其教学成效也会受到不良影响。

基于以上考虑，我们需要多方面分析高校日语教材的主题与内容，并以此来对思政课的目标进行设定，这样不仅能够指导教师进行日语教学，并且可以推动个性化教学。遵循目标框架进行教学，不仅可以将思政理念与课程有机地结合起来，还可以让高校日语课程教学变得更加系统化，增强教育协同效应。

（二）深挖课程中蕴含的思政元素

首先，培养爱国主义情感。对于日语专业的学生来说，他们将来一定会进行跨文化交流，并可能面临意识形态层面的冲突和交锋。因此，在进行日语教学的时候，应该着重对学生的爱国主义情感进行培养，让学生确立坚定的政治立场，要让他们有着强烈的民族使命感。在教授日语时，实践性是非常重要的。教师应该对日语课程潜在的思想与政治元素进行挖掘，同时把其同日语教学进行整合，以让学生在实践中提升自身的思政素养。

其次，培养法治意识。课程思政的一项目标就是加强法治教育，使学生更深入地理解法律的内涵，从而能够适时应用法治理念去解决生活中遇到的问题，从而不让自己的利益受到损害及解决各种矛盾。日语课程的学习，不只是要让学生掌握专业知识与技能，同时还应该明确我们国家的有关政策与法规内容，提高他们的法律意识。只有如此，才可以培养出符合社会主义建设要求的优秀人才。日

语教师应当巧妙地利用课程的特点，将法治教育等内容整合进教学设计，这样学生就能够在现实场景中真正理解我们国家所提倡的社会主义核心价值观中"法治"和"公正"的内涵。

再次，培养职业道德。在将来的职业生涯中，学生具有良好的职业道德与素养是非常关键的。因此，教师在日语课程教学中，要培养学生良好的职业态度，包括热爱工作、遵守承诺等。

最后，培养良好的个性品质。日语的教学不只是要让学生获取专业知识与相关技能，同时还应该对学生的优良品德进行培养。教师在传授日语专业知识时，应该善于挖掘隐藏的思政元素，并将其巧妙地与教学内容进行整合，进一步端正学生的学习态度，培养良好的个性品质。

（三）加强师资培训，提高教师的综合素养

教师的能力与教育质量有着密切的关联。这就需要有针对性地培训教师，进一步提升全校日语教师的整体素质。只有这样，教师才能更好地应对教学中的挑战，获得更好的育人成效。

1. 对教师进行思政意识和思政能力培养

思政教学的成效与学生的素质培养和教师的思政意识、思政水平有着直接的关联。加强高校课程思政建设的主要工作就是对教师进行思政能力的培养。高校日语教师往往会阅读非常多的日文原版材料，其价值观多多少少会受到影响。倘若教师缺乏坚定的意念，那么培育国家栋梁之材就难以实现。所以，对高校的日语教师进行一些思想理论方面的培训尤为重要。可以借助互联网，运用线上和线下相结合的方式让教师进行学习，这样更加有效。另外，也应该引导不同学科之间的教师进行互动沟通，如邀请思政课程的教师利用研讨会等交流方式，同日语教师一起探讨会议重点内容等，进一步促进日语教师思想意识的提升。

2. 对教师进行数字素养培养

教育数字转型是实现高质量教育的重要途径，也是当前高等教育改革发展面临的新挑战。教师作为教学一线人员，是推进教育数字转型、提升高校人才培养质量的关键因素，同时也在教育数字转型过程中发挥着引领作用。因此，提升高校教师的数字素养，促进其更好地适应数字化教学，推动我国高等教育高质量发展是目前教育工作的重要内容。这不仅是提高高校教学水平的要求，也是培养新

时代人才的要求。

高校日语"课程思政"教学要求教师具有从繁杂的多模态信息中进行筛选、编辑适合日语教学的思政素材的能力以及熟练运用多媒体开展日语教学的能力，即对数字信息进行整合的能力和对数字技术进行运用的能力。在对教师进行数字素养的培养时，首先，要在思想上提高教师对数字技术的重视。其次，要积极为教师搭建学习平台，使教师系统学习与数字技术相关的知识。最后，积极建设智慧校园，为教师提供实践机会。

3. 鼓励教师自学、互学

教师的言行对学生有着重要的影响，是课程思政教学中不可忽视的一部分。所以，教师需要不断提升自己的品德素养与审美水平，以身作则，做学生的榜样并起到引领作用。同时，青年教师和年长教师可以组建合作关系，彼此学习。这样年长教师可以从青年教师这里学习新型的教学模式，并了解学生的最新动态与感兴趣的话题；青年教师可以从年长教师身上学习丰富的教学经验、正确的思政育人理念。此外，教师能够借助共同备课、互相听课及观摩学习等各种形式，彼此之间进行学习，进一步提升全校教师整体的教学素养。

4. 对教师进行赛课培训

在日语教学中，专业课教师有着关键的作用，他们是教学过程的主要设计者。总体而言，要想达到"塑造价值观、培养人才"的思政教育目的，教师就需要准确地确定主题、选择内容、构建活动、监督实际操作及恰当评估教学成效，同时需要构建与思政目标相匹配的教学系统。所以，教师在日语教学中的"主导作用"十分重要，这在教学内容、教学方法、教学评价与能力培养等多个方面均有所体现。

教师"课程思政"教学设计水平的提高主要表现在两个方面：第一，组织专家讲座与邀请获奖教师传授他们在思政教学方面的经验；第二，引导教师主动参与多种课程思政的教学比赛，通过比赛的形式激励教师提高自身的实际日语教学水平，提升课程思政的教学成效。

（四）创新教学模式，强化育人效果

随着信息技术的发展，教师在日语"课程思政"的教学过程中也应该整合新媒体技术，利用多样的感官方式引导学生积极学习。与传统的教学方法相比，多模态教学没有固定的执行过程。在多模态教学模式中，教师扮演引导和组织的角色，应充分发挥主观能动性，并依照教学内容对教学方式进行创新，以提升教学质量。

"多模态"理论源于语言学家对话语分析的研究，他们将包括语言符号和非语言符号在内的所有符号系统组成的语篇统称为话语，把各类符号看成各种模态，由此产生"多模态"概念。多模态教学是集互联网、图形图像、角色扮演等形式于一体的教学方式。教师通过利用视觉、听觉等多感官刺激，构建身临其境的思政环境，提高学生的参与度和互动性。在混合式教学背景下，多模态教学方式与混合式学习过程有机融合，更具吸引性、多元性、共享性和传播性。

第五章　日语教学实践创新

本章介绍日语教学实践创新相关内容,分别从"图示理论+合作学习法"教学思维日语教学中的尝试、OBE 教育理念在日语教学中的应用、Seminar 教学法在日语教学中的落实、体验式教学模式在日语教学中的开展、"Can-do"评价体系在日语教学中的实践五个方面进行介绍。

第一节　"图示理论+合作学习法"教学思维在日语教学中的尝试

传统的日语泛读教学过多地关注词汇和语法等语言知识,忽略了培养学生的篇章分析能力;采用以教师为主的教学模式,不利于其发散性思维、创新意识的培养,最终导致学生的阅读能力得不到真正提高。

日语泛读课程是高校日语教学的重要部分,主要目标是培养学生的快速阅读能力,理解文章的深层含义,并能学以致用。但传统日语泛读教学普遍存在两点问题:第一,采用"自下而上"模式,只重视对词汇、语法等语言知识的学习,忽略了语言所承载的文化背景,不注重从整体上把握篇章,陷入困难的局面;第二,采用传统的教师讲、学生听的模式,学生缺乏主动参与阅读的意识,对文章的理解仅限于表面。以上都导致了学生的阅读能力得不到真正提高。突出学生在课堂中的主体地位,提高日语阅读能力是当今日语泛读教学改革的当务之急。"图示理论+合作学习法"是泛读教学改革的有益尝试。

一、"图示理论+合作学习法"

英国心理学家巴特利特(Bartlett)指出"图式是知识的建筑块件",读者对输入材料中信息的理解建立在他是否具有相关的背景知识与能否及时激活这些知识。根据图示理论，阅读理解是一个读者头脑中的知识结构体系与阅读材料提供的信息交互作用的过程。在此过程中不论是词、句还是对整个篇章的理解都不能仅依赖语言知识（语言图式）。读者的阅读能力由三种图式决定，即语言图式、内容图式、形式图式。语言图式指读者头脑中已储存的关于词汇和语法等方面的语言知识。内容图式指读者对阅读材料所涉及的主题或领域的熟悉程度。形式图式指读者对文章体裁的了解程度。

"合作学习法"是一种以学生为主体的教学方法，主要是通过小组合作的方式让学生一起追求特定的学习目标。小组成员之间彼此鼓励，一起奋进，最大限度地提升个人与整个小组成员的学习成效。此种教学方法突破了以往教学的限制，对师生设定了新的要求。

二、"图示理论 + 合作学习法"与日语泛读教学

根据图示理论，阅读是读者运用头脑里已经存在的相关图式解析文章，同时把文章中的新知识与已有的图式相联系的过程。所以，在进行日语泛读教学的时候，教师需要帮助学生获取他们没有的图式，同时唤醒他们头脑中存在的图式，以帮助他们快速认知阅读内容。然而，为了有效地调动这些图式，需要引导学生主动参与，不再采用传统的单向教学方式。因此，此种学习模式能够让学生真正成为学习主体。

教师在"图示理论 + 合作学习法"的教学模式中，会基于图示理论合理地安排任务，使任务设定更加有针对性，使学生依靠小组合作的方式去完成任务。在此模式中，教师会引导学生唤醒头脑中已有的关联性图示，并且会教授他们怎么样才能在存在的旧知识与新学到的知识之间建立联系，进一步认知阅读材料的框架与内涵。此种教学模式不仅遵循了学生阅读的认知规律，同时也利用了合作学习的特征。

三、"图示理论 + 合作学习法"在日语泛读课堂教学中的实践

教师要合理分配任务，引导学生全方位地激活、构建、丰富大脑中的三种图式。

（一）实践对象

最好以人数在 25 人左右的班级为对象。

（二）科学分组

依据学生的成绩、个性特点及学习积极性等条件，将实验班分为五个小组，每一个小组是五人，小组成员中有人负责发言，有人负责记录。每个小组分到的任务是不一样的，要想顺利完成任务就应该依靠小组成员之间的密切协作。

（三）任务分配

学习任务是对一篇阅读文章进行解读。在小组发表前一周，以图示理论为依据，将任务分配给五个小组。借助共同备课、资料查找及课件制作，以小组上台发表的方式来完成本组的任务。

（四）具体任务分配与实施过程

1. 具体任务分配

第一组的任务是唤醒和建立内容图式。内容图式代表阅读的高级层次，随着读者拥有的背景内容越多，学生越能够专注于高级层次的信息处理，这种专注有助于他们更深入地认知文章思想。因此教师应该引导学生学习更多的文化背景内容，避免因为文化的不同造成阅读的阻碍，同时要让学生充分发挥他们的想象力。本组需要完成的任务为搜索与文章核心思想有关的阅读材料、作者与文章的相关介绍内容及与日本便利店有关的信息。

第二组的任务是进一步唤醒内容图式。小组成员应该快速浏览文章的标题、释义、首尾句等，从而了解文章想要传达的大体意思。这个过程旨在让学生唤醒他们已有的图式，然后对比材料中的内容，并进行验证与处理，从而对语篇内容有一个大致了解。

第三组的任务是唤醒和建立形式图式。由于文章类型的差异性，在写作模式与结构等诸多方面也有很多不同。教师应该对学生进行指导，让他们学会运用自己脑海中存在的形式图式，对文章的脉络有一个全面了解，这样就可以提高对文章主旨的认知，认清段落与段落间存在的关联。学生在汉语的学习中已经习得相关文章类型的知识，然而在日语的学习中并未被唤醒。因此，在这个阶段，应该对学生脑海中存在的形式图式进行调动。例如，在讲解说明文的过程中，能够让学生调动脑海中说明文的结构，从而理解文章的内容；依照文章类型了解文章脉络，找出段落的主旨等。

第四组的任务是唤醒和建立语言图式。不能找到适当的语言图式，也就无法理解文章中的词语和句子，更无法对文章内容有所领悟。对文章中的重点词汇、复杂句子进行学习，对文章的翻译进行研讨都有助于提升运用语言的水平。教师可以要求这一小组对文章的句子结构与意思进行解析，同时让他们对文章出现的新短语进行讲解。值得注意的是，在任务分配前，教师应该给予一些有助于学生唤醒句子的语言图式的线索。

第五组的任务是对多样的图式进行巩固和运用。借助新构建的框架来探讨作者想表达的思想，这不仅可以拓展学生的阅读图式，还能帮助他们将已学知识转化为实际技能，达到理论与实践相结合的目的。此组应该评估作者对文章的立场，确定是否赞同该立场，并解释原因。这项活动特别有助于锻炼学生的归纳能力。

2. 实施过程

每个小组有 8 分钟时间展示他们的课件，并解释内容。如果存在不懂的地方，首先会由别的小组解决，接着教师会进行批改点评，同时引导学生根据课件中的重点部分进行沟通。教师最后用 10 分钟的时间总结整篇文章。值得说明的是，每个小组在完成自己小组的任务的过程中，也应该对别的小组的完成进度有所关注，以确保对整个内容有清晰的了解。

（五）教师的实践评价活动

教师主要以肯定为主，对表现突出的小组和个人进行表扬，组织学生以集体评估的形式对活动进行回顾、反思，确认共同目标是否达成。

第二节 OBE 教育理念在日语教学中的应用

随着社会的进步和经济的繁荣，我国劳动力结构不断变化，对人才的要求也越来越高，只具备单一技能的人才的竞争力逐渐减弱，应用型、复合型人才更加满足现代社会的需求。在我国传统教学模式中，教学以教师为中心，学生被动接受知识。这种教学方式并不利于培养应用型、复合型人才。因此，需要深化教育改革，在教学中，把"以教师为中心"转变为"以学生为中心"，把"教会学生知识"转变为"教会学生学习"。教育只有不断创新，与时俱进，才能培养出更多符合时代需要的人才。

一、以成果产出为导向的 OBE 教育模式

OBE 是一种以成果产出为导向的教育模式。通俗来讲，就是先制订一个合理的预期目标，然后根据这个目标进行反推，探究如何设计课程才能达到这个目标。OBE 最初由美国学者提出，后来逐渐成为澳大利亚、英国、加拿大等国家的主要教育模式，也是世界上比较先进的教育模式。

二、OBE 教育理念下高校教育的特点

（一）以结果为导向，以学生为中心

在 OBE 教育理念下的教学中，学生始终占主体地位。一切教学环节，如教学课程的设计、教学资源的配置、教学评价等，都要以学生为中心，以促进学生达到预期学习效果为出发点。OBE 教育理念下教学结构的确立依据主要包括以下 5 个方面：①培养目标——学生最终要达到的学习效果，也是衡量教育是否成功的标准；②社会需求——学生为何要达到这样的学习效果；③教学过程——怎样促使学生达到这样的学习效果；④教学评价——怎样确定学生已经达到这样的学习效果；⑤教学管理——怎样确保学生达到这样的学习效果。从这 5 个方面我们能更深刻地理解 OBE 教育理念的内在含义。

（二）能力本位，个性化评定

OBE 教育与传统教育在教学目标和教学模式等方面有很多不同之处。传统教育通常关注学生对知识的记忆和掌握，OBE 教育则更重视对学生实际能力的培养，这些实际能力主要是指适应现代社会的能力，如对事物是否能正确认知和理解，对开放性问题能否理性分析和解决，是否具有批判性思维，能否与别人合作，等等。在教学模式方面，传统教育以教师为中心，课堂上所有学生都要跟着教师的教学进度学习。OBE 教育则能关注到学生的个体差异性，根据每个学生的不同特点，采取层次化教学模式，因材施教，并制定与此相对应的个性化教学方法。采用这种个性化教学方法，能及时而准确地了解每个学生的学习情况，并动态地调整教学方法。

（三）自主学习、合作学习相结合

传统教育倾向被动接受式学习、竞争式学习，而 OBE 教育则强调自主性学习、合作式学习。在"互联网+"时代背景下，多媒体技术不断发展，这无疑为学生

的自主学习提供了更多有利条件。学生可以直接利用现代技术进行自主学习，还可以在教师的帮助下成立合作小组，一起交流、探讨，完成教师布置的任务，共同学习、共同进步。

三、基于OBE教育理念的日语专业核心课程教学模式改革的必要性

核心课程是学生在专业学习中必须掌握的知识体系与能力结构的载体，是课程体系中具有核心地位和生成能力的课程。可以说核心课程的教学质量决定了人才培养的质量，核心课程的改革既是高校转型发展中的落脚点又是关键点，其教学改革对其他课程具有引领作用。在地方高校向应用型转型发展的背景下，传统教学模式已无法更好地满足培养当下社会所需人才的需要，专业核心课程的教学必须进行相应的改革调整。

传统教育模式存在诸多弊端，表现在日语专业核心课程教学中，主要有以下5个方面：①被动式学习，即教师传授知识，学生被动接受；②侧重对知识的掌握，忽视对学生实际能力的培养；③传授知识时不注重理论与实践的结合；④学生主要通过教师课堂授课获取日语学习资源，知识来源形式单一；⑤教学评价的主体、内容和方式都过于单一和静态化，不注重学生的个体差异性。在传统日语专业核心课程教学中，学生之间存在一定的竞争关系，导致部分学生更重视学习成绩。这样的学生可能应试能力很强，但实际解决问题的能力、跨文化交际能力、思辨能力往往会比较弱，这对他们成长为社会需要的应用型、复合型人才是很不利的，这也凸显了教育改革的必要性。

四、基于OBE教育理念的日语专业核心课程教学改革与实践探索

OBE教育理念的核心是结果导向，在这种教学模式下，要先为日语专业学生制订合理的预期目标，再反推出相应的日语专业核心课程教学设计，并力求这一教学设计能助力学生达到预期的学习效果。日语专业的学生在毕业时，在理论知识、专业技能、个人素养与能力等方面，都要达到一定的要求。学生要熟练掌握日本的语言、文字、文化知识，并能正确地听、说、读、写；可以快速准确地进行日语翻译，并流利地使用日语交谈；具有批判性思维能力、与他人合作能力、跨文化交际能力等。在OBE教育理念基础上，我国的日语教学模式做了以下改变。

（一）变灌输式为启发式教学模式

教师的授课方式不再是传统的知识灌输，而是启发学生自主思考、鼓励学生共同学习研讨。在日语课堂教学中，学生始终占主体地位，是课堂的中心，而教师只是学生学习的指引者，负责引导学生积极主动地参与到日语学习中去。日语学习也不再是单纯的语法、单词、句式等知识点的学习，同时也注重学生综合能力和文化价值观的培养。在具体教学过程中，第一步，教师会先进行知识新授，让学生完成知识的输入；第二步，教师启发学生主动思考和探究，实现师生之间、生生之间的有效互动；第三步，教师布置具体任务，让学生采用表演式、情境式等练习方法进行日语训练，并在训练过程中巩固知识、掌握技能和学习方法、体验日本文化；第四步，通过前面对日语知识点的学习，学生对所学知识、技能和文化价值观能够融会贯通，学以致用，完成知识和能力的有效输出。

（二）有效利用现代化教育技术

现代科学技术越来越发达，并且被应用到社会各个领域。现代科技与教育领域的有机结合，促进了教育的信息化发展，进而推动了教育教学模式的变革。日语专业核心课程也不再是单一的线下课堂教学，而是线上线下相结合、多种教学方式并存的混合式教学。在这种混合式教学模式下，学生有了更大的学习自主权，可以根据自己的现有日语水平、兴趣进行有目的的学习；教师也能更好地关注到学生的个体差异性，并对学生进行有针对性的指导，实现层次化教学。此外，教育网络的发达还能拓宽日语学习资源的获取渠道，除了课本上的学习资料，教师和学生还可以通过从网络上选择正规权威的日语听力资料、视频资料等，形成日语资源库，并不断更新，弥补传统课本资料比较滞后这一不足。以现代化教育技术为基础的混合式教学模式，使日语专业核心课程教学更加层次化、立体化，有助于学生更快、更好地达成预期学习目标。

（三）构建多维动态学习评价模式

在OBE教育理念下，日语专业核心课程的学习评价模式也要进行相应变革。学习评价具有导向和激励、诊断和改进、反馈和调节等功能。科学合理的学习评价模式能激发学生学习的主动性，能确定每位学生的改进方向，也有利于教师根据反馈结果及时调整教学方法。构建科学合理的学习评价模式，一方面要重视评价的多维性，即评价主体多元化（教师、学生本人、同学均为评价主体），评价方法多样化（定性评价与定量评价相结合），评价内容综合化（知识、能力、情感态度和价值观等均可作为评价内容），评价标准层次化（关注学生个体差异性）；另一方面要重视评价的动态性，注重评价过程，教学前进行诊断性评价，教学过程中进行形成性评价，教学后进行总结性评价，用发展性评价和终结性评价相结合的方式来动态评价学生，达到促进学生正向发展、提升教学质量的目的。

日语专业核心课程的教学重点是提高学生的创新能力和实践能力，教学目标是培养复合型、应用型日语人才。在 OBE 教育理念的指导下，在教育改革的实践中，日语专业核心课程逐渐形成"以学生为主体，以教师为主导，以问题为核心"的新教学模式；运用"互联网+"思维创设了自主学习、共同探究、相互合作的日语学习环境；采用多维动态学习评价方法，在激发学生学习热情、培养学生自主学习能力、提高课堂教学效果等方面都起到了促进作用。总而言之，以 OBE 教育理念为基础的教学模式改革，不但可以适应高等院校转型发展，更有利于复合型、应用型日语人才的培养。

第三节　Seminar 教学法在日语教学中的落实

一、Seminar 教学法的概念和特征

（一）Seminar 教学法的概念

研讨会（Seminar）教学法起源于 18 世纪，在世界各国有着广泛的影响，但目前就 Seminar 的定义还没有达成共识[①]。

马启民将 Seminar 界定为一种教学范式，认为 Seminar 有着明确的教学目的、教学计划和教学内容，构成了一个完整的教学体系，具有规范性和内在规定性。在此意义上，Seminar 不仅仅是一种常规性的学习讨论会，还是一种内涵丰富、功能独到的教学范式[②]。

沈文捷将 Seminar 视为一种教学法，是学生为研究某些问题而与教师共同讨论的一种学术交流形式，结构上由教师的概要式讲述和专题研究两大部分组成[③]。

[①] 周美林，李佳孝. 近三年我国 Seminar 教学研究文献综述 [J] 教育与教学研究，2013，27（11）：12-15；39.
[②] 冯宇庆. 研究生 Seminar 教学法认同感调查研究 [D]. 武汉：华中科技大学，2006.
[③] 同②.

Seminar 的研究出发点是关注课堂教学实施状况，将研究对象确定为可以观测的教师的教法和学生的学法。因此，Seminar 主要是指一种教学方法，以研讨会的形式存在，由教师和学生共同参与，从事教学和科研活动。

（二）Seminar 教学法的特征

Seminar 教学法在世界各国教育领域有着很大的影响，尤其是在西方国家，Seminar 这一教学方式被普遍应用到高校教学中。Seminar 教学法的特征主要有以下 5 个方面。

1. Seminar 教学法具有平等性和民主性

在 Seminar 教学法下，教师和学生之间的关系是平等和民主的。教师是学生学习的引导者和学生发展的促进者。教师对待学生要尊重和赞赏，在教学上要帮助和引导学生正确认识和深入了解教学主题，助力学生综合能力的培养。

2. Seminar 教学法具有规范性

与普通的学术讨论不同，Seminar 教学法具有严格的规范性。不论是在教学开展方式、教学时间安排还是教学要求方面，Seminar 都有比较明确的规定。所以，要想达成预期的教学目标，就必须严格遵守 Seminar 的教学规范。

3. Seminar 教学法具有制度性

Seminar 教学法具有固定的课程实施模式，课程教学实施过程中始终紧密联系教学主题，形成固定的课程类型，并对教师的教学和学生的学习产生了一定影响。

4. Seminar 教学法具有适应性

Seminar 教学法发源于 18 世纪，经过了数百年的发展。在漫长的时间里，Seminar 教学法不但没有消失，反而历久弥新。这充分说明其具有很强的适应性，能够与时俱进。在此期间，不论教学理念和方法如何变革，Seminar 教学法都能在实践中持续优化自身，以适应不断变化的教学环境。

5. Seminar 教学法具有灵活性

Seminar 教学法是一种具有灵活性的、应用广泛的教学方法，可以针对不同能力水平的学生，针对不同难度的问题，开展不同类型的专题讲座或者专题讨论。

二、Seminar 教学法应用于日语教学的理论基础

日语教学有两大基本性原则，一是认知性原则，二是交际性原则，并且这两大原则是有机结合的。认知是交际的前提，交际是认知的目的。日语学习的起点是对语法、单词、句式等的认知，而日语学习的最终目标就是交际，即能够熟练地用日语来表达和传递信息。认知—实践—形成跨文化交际能力，是日语教学的基本过程。在日语教学过程中，教师的重要任务之一就是引导学生充分利用所学的语言知识，以提高学生熟练、恰当地运用语言的能力[①]。

具备良好的交际能力是真正掌握一门语言的重要标志。而交际能力的形成是多种知识和能力的结合，不但要掌握这门语言的知识结构，还要了解这门语言背后的文化。只有这样，才能真正把所学语言运用到实践中去，形成交际能力。

在日语课程教学中，运用 Seminar 教学法，可以为学生创设出真实自然的日语环境，让学生进行表演式、情境式练习，既能巩固日语知识，又能有效锻炼日语交际能力。这也是日语教学法中认知性原则和交际性原则的体现。

（一）Seminar 教学法与人本主义学习理论

1. 人本主义学习理论

美国著名心理学家罗杰斯（Rogers）作为人本主义学习理论的主要代表人物之一，提出了"以学生为中心"的教学理论[②]。他认为教育要秉承人本主义精神，教育的目的是培养自然人，发展人的个性。在罗杰斯的观念里，学校培养出的学生最终应成为独立自主、能适应社会变革、能满足社会需求的人。要实现这一预期目标，需要教师和学生共同努力。教师要履行好引导和促进学生学习的职责，努力创造民主和谐的氛围和宽松的学习环境，尊重和赞赏学生，并支持和鼓励他们积极参加实践和体验活动、与他人合作探讨，最终促进学生综合能力的发展。而学生也要相应地主动参加实践和体验活动、学会共同探讨学习，提升自己的综合能力，并在学习过程中树立正确的世界观、人生观、价值观，成为独立的人、完整的人。

学习动机是直接推动学生学习的内部动力，也是人本主义心理学的重要研究课题。学习动机具有激发功能、指向功能、维持功能。美国心理学家戴维斯（Davis）具体分析了这三项功能，他认为，动机能激发学生学习的积极性和主动性，让学生自发投入学习中去，这体现了学习动机的激发功能；动机还能指引学

---

① 张允. 外语教与学的理念和方法 [M]. 天津：南开大学出版社, 2015.
② 吴立岗, 夏惠贤. 现代教学论基础 [M]. 南宁：广西教育出版社, 2001.

生按一定的方向进行学习，完成任务，实现预期目标，这体现了学习动机的指向功能。此外，动机还有助于维持学生学习的热情，促使学生坚持不懈地学习，这体现了学习动机的维持功能。所以，在教学中，教师要善于激发和强化学生的学习动机，挖掘学生的学习潜能，使学生自己主动去学，具体怎么学也由学生自己决定，教师起辅助作用。

人本主义学习理论认为促进学习的方法有构建真实的问题情境、提供丰富的学习资源、激发学生的学习动机、建立感情型的师生关系等。这些理念与Seminar教学法非常契合。

2. Seminar 教学法与人本主义学习理论的契合

（1）构建真实的问题情境，提供丰富的学习资源

Seminar 教学紧扣教师布置的主题，为学生提供了真实的问题情境。当学生面对与自身有关的有实际意义的现实问题时，就更容易积极主动地投入学习中去。此外，教师还会给学生提供多种类型的学习资源，引导学生开展合作学习。Seminar 教学法的这些特点和人本主义学习理论是相契合的。

（2）激发学生的学习动机

学习动机可以促使学生在非外力推动下发自内心地主动学习，Seminar 教学法要求教师竭尽所能去挖掘、激发并维持学生的内在学习动机。学生有了内在学习动机后，学习热情就会高涨，就能围绕教学主题主动获取相关资料，并进行学习，逐渐生成自己的观点。而后，教师和学生之间可以就特定的问题各抒己见，共同探讨，并在探讨过程中锻炼学生的独立思考能力、创新能力和发散思维能力。

要想激发学生的内在学习动机，教师要做到以学生为中心，发挥好组织者和参与者的作用，了解和满足学生的需要，帮助学生挖掘兴趣点，充分利用学生的好奇心，使学生加深对语言学习重要性的理解。这也体现了人本主义学习理论的内涵。

（3）建立感情型的师生关系

学生的兴趣态度、学习动机、师生关系等因素会对教学的最终效果产生显著的影响。所以要重视学习过程中非智力因素的影响，如动机、情感、人际关系等，尤其是感情型的师生关系[①]。Seminar 教学法旨在营造一种宽松活跃的学习氛围。在课堂上，教师不再是权威的授课者，而是参与者；学生也不再是被动的接受者，

---

① 曾玲娟. 职业教育心理学 [M]. 北京：北京师范大学出版社，2010.

而是课堂的中心。在这种教学模式下，师生之间的关系是平等的，教学过程就是提出问题—共同探讨—解决问题的过程。这种轻松民主的学习环境，极大地激发了学生的学习热情、自信心和表现欲，使学生积极参与其中，畅所欲言，充分体现了学生在课堂教学中的主体地位。

Seminar教学法在全面调动学生的积极性、主动性，培养学生的学习和思考能力，建立良好的师生教学关系，同学之间相互协作等方面创造了非常好的条件。这使学生的综合能力得以培养和提升。

（二）Seminar教学法与建构主义学习理论

1. 建构主义学习特征

（1）建构主义学习是目标指引的学习

建构主义学习理论认为学习需要有目标的指引，成功的学习必须先具有明确的预期目标。而学习目标的形成受很多现实因素影响，包括教学者、教学环境、教学内容等，这些因素与学习者相互作用，最终促进学习目标的产生。构建主义学习提倡让学习者根据现实因素制订自己的预期目标并努力达成，同时评价自己在此过程中获得的成绩。这样才是成功的学习。

（2）建构主义学习是建构性的学习

建构主义学习理论认为，学习不是简单的知识灌输，学生也不是被动的知识吸收者，而是信息的主动建构者。学生对知识的理解只能由每个学生基于自己的已有经验，加之外部环境的影响而构建起来。

皮亚杰认为，人的认知图式是结构与构建的统一，认知图式的建构过程是"同化"或"顺应"的过程，即把新的信息纳入已有的认知图式之中，或使已有的认知图式发生变化的过程[①]。也可以说，学习是累积性的，是以先前的知识为基础的建构。

在学习解决问题的方法时，通常要先激活已经存在于脑海中的知识，然后通过"同化"或"顺应"，对已有知识和新知识的联系进行重新建构，并在建构过程中实现新知识对旧知识的深化，最终达到提升认知的目的。

2. Seminar教学法与建构主义学习理论的契合

（1）设置问题情境，进行知识再建构

在Seminar教学法中，提出问题—共同探讨—解决问题是教学的基本过程。

---

① 张华. 课程与教学论[M]. 上海：上海教育出版社，2000.

具体可细分为以下五个步骤：第一步，教师确定主题，创设问题情境，准备相关的学习资源、工具书等；第二步，教师引导学生根据自己的情况设立阶段目标并积极参与探索；第三步，学生根据自己的探索方向，借助工具书、学习资料等进行独立思考；第四步，师生之间、生生之间共同探讨、解决上一步遇到的问题；第五步，通过共同讨论，集思广益，最终形成思想共识。这整个过程实现了对知识的再建构。

（2）构建自主协作的教学环境，发挥主观能动性和合作精神

Seminar 教学法充分发挥了学生的主观能动性。在宽松自由的学习环境中，学生可以根据教师设置的主题，结合自己的兴趣和现有能力，自主决定学习方向、学习内容、课前准备的时间和地点。并且，如果发现不能独立解决的问题，学生可以通过与其他学生或教师进行探讨来解决问题，同时提升独自思考能力和团队合作的能力。

（3）进行多方互动会话，有助于知识的建构

建构主义学习理论强调社会互动性，即人与人之间要互助合作，在教学中体现为师生之间、生生之间互帮互助、共同探讨、共同分享。每个人的知识结构是不同的，学生可以在探讨和分享中共同进步。

维果茨基认为人通过交往，处于低层次的人会不断从高层次的人那里获取知识和能力，从而达到一个更高的层次[1]。他还认为，人与人之间的沟通意义重大，要想提高自身能力，沟通是必不可少的前提条件。

Seminar 教学法以学生与教师共同探究问题为基本模式，其教学模式不是静态的、单一的，而是动态的、多元化的。其多元化表现为：互动交流的主体多元化，既包括学生又包括教师，并且每个学生具有个体差异性；互动交流的方式多元化，包括师生之间、生生之间、学生和教学媒体之间多种互动形式；互动交流的内容多元化，师生之间、生生之间会就问题从各个角度、多个层次展开探讨。Seminar 教学法还是动态的，因为教师和每个学生原有的知识结构是不同的，大家在研讨问题的过程中不断发表自己的见解，也在不断接收他人的观点，各种见解融合在一起，使学生不断建构新的知识体系。

可见，Seminar 教学过程就是教师和学生进行合作性建构的过程，更能发挥教师和学生的积极性，有利于提高学习效果，并有助于同学之间互相帮助，共同学习，养成集体研究的好习惯。

---

[1] 黄艳芳. 职业教育课程与教学论 [M]. 北京：北京师范大学出版社，2010.

（4）坚持主导与主体相结合，发挥教学积极性

以学生为中心，学生在课堂中占主体地位是 Seminar 教学法的显著特点。Seminar 教学法认为，学生的主体性要贯穿整个教学过程，不论是课前、课中还是课后，不论是探讨、展示、评价还是总结等各个环节，学生都是教学的主体，要充分发挥主观能动性，主动构建自己的知识体系。在此过程中，教师主要扮演主导者和促进者的角色。

学生占主体地位是 Seminar 教学法的重要观点，而教师的主导地位也同样没有被忽视。Seminar 教学法认为，"教"与"学"同等重要，学生要成为课堂中的主要角色，做学习的主人，积极主动地去学习；教师要发挥其主导作用，统筹全局，竭尽所能助力学生学习和进步。只有"教""学"结合，各展所长，才能达到最好的教学效果。

在 Seminar 教学法主导与主体相结合的教学模式下，学生的"学"备受重视，而教师的"教"也不容忽视。"教""学"结合，相辅相成，相互促进，相得益彰。

（5）组织教学结构，体现多次意义建构过程

运用 Seminar 教学法组织教学结构，体现了至少三次意义建构的过程。首先，在课前准备、自主探究、课堂个人发表阶段形成了知识的初步意义建构。其次，在集体讨论、相互交流、反驳和辩论的过程中，调整认识结构，形成了再一次的意义建构。最后，在教师总结、师生评价、课后反思阶段，促进知识的"同化"和"顺应"，由此形成了知识的第三次意义建构。Seminar 教学法三次意义的建构过程，符合"从实践到认识，再从认识到实践"的认知规律，体现了知识建构的动态性、连续性。

三、Seminar 教学法的教学流程

（一）根据教材提出课题，引导学生自主探索

在 Seminar 教学中，教师可以在教材范围内选取课题，要求学生围绕课题，根据自己的兴趣阅读喜欢的章节部分，在限定时间内写出读后感，并在课堂上向其他同学分享自己的读后感。学生在阅读过程中，可以利用查阅工具书、收集有关资料等各种手段，加深对阅读内容的理解。学生在写分享的发言稿时，除文字外，还可以结合图像、音频、视频、PPT 等多种形式，丰富发言稿的内容，提高发言稿的质量。

学生课前阅读质量直接影响课堂讨论的效果。学生如果课前准备充分，进行了有效阅读，课堂讨论效果一般比较好，反之，效果则较差。而学生阅读质量的好坏又受学生阅读理解能力的影响。较高的阅读理解能力表现为：对单词、句子的意思能准确理解；对复杂句式能正确分析其结构；善于利用工具书解决难题；能理解语句背后蕴含的文化意义。只有具备这些能力，学生才能比较顺畅、深入地进行日语文章阅读，才能既了解文章的字面意思，又能体会文章背后所蕴含的意义和价值观。学生的阅读理解能力可以在课前准备工作中逐渐培养。

课前准备不仅是学生的任务，教师也有很多工作要做。一方面，教师要帮助和引导学生准备课题相关内容；另一方面，教师还要根据检查制度，监督学生的课前准备进程，检查学生的课前阅读质量。此外，教师还要提前安排好课堂教学程序，并从宏观角度预测学生可能会阐述的观点，以保证后期课堂教学的有序进行。这就要求教师不断提升自己的教学能力。

（二）学生进行个人发表

学生发表个人观点是学生课前自主探索成果的展示，也是 Seminar 教学的重要环节之一。这个环节可分为以下 3 个步骤：①教师或者主持本次课程的学生向大家简要介绍课程内容；②教师或主持人按照一定顺序或者随机抽取的方式，请三位学生到讲台上发言；③被选中的学生根据自己课前准备的发言稿进行演讲，同时其他学生认真聆听，把自己有异议或者不懂的地方记录下来，为后面的提问探讨环节做准备。

在学生个人发表环节，教师要引导和激励学生尽量用日语表达、脱稿演讲，并使用多种形式的素材。这样做更有助于学生勇敢表达自己、展示自己。

在这个环节，每个学生发表的内容都是不一样的。即便面对同样的语句和段落，不同学生的见解也不同。这是因为学生有个体差异性，他们已有的经验、知识架构不同，看问题的角度自然也不同。而正是这种差异，可以让学生接收到各种各样的观点，这些不同的观点相互碰撞、相互融合，最终帮助学生建构新的知识体系。Seminar 教学良好的教学效果也由此体现出来。

（三）学生相互提问，进行课堂讨论

在学生个人发表结束之后，就是提问和探讨环节。其他学生根据上一环节自己记录的问题，向刚才的发言者提出问题，或者补充自己的不同见解。而发言者要回答他人提出的问题，或对自己的观点做进一步解释。在这个提问—探讨—解

决的有效互动过程中，学生发现问题、独立思考、合作探讨、解决问题的能力都能得到锻炼。

教师应鼓励学生提问，而且在引导学生提问时注意"三味"[①]：一是"趣味"，问题有趣，就能更好地调动其他学生讨论的积极性；二是"异味"，提出的问题能够跳出思维定式，标新立异，出人意料；三是"品味"，如果所提问题能引发学生深度思考，就有很大的价值。

此外，为了使提问和探讨环节能真正发挥作用，教师还要营造出一种自由、民主、宽松的课堂氛围，使学生摆脱拘束，保持轻松愉悦的精神状态，敢于畅所欲言，各抒己见，积极主动地参与到课堂讨论中去。这也体现了Seminar教学的核心思想。

在提问和探讨环节，比较理想的状态是学生之间不但能进行平静的探讨，更能进行激烈的辩论。辩论是就某个问题进行的辩驳和争论，是不同思维方式、不同见解的摩擦和撞击。相对而言，辩论对学生的能力要求更高，需要学生有较强的抗压能力、思辨能力、语言表达能力，有较快的反应能力等。通过激烈的辩论过程，学生不但能对讨论的问题理解得更透彻，其表达能力、思维反应能力、自信心等也能得到锻炼和提升。

在这个环节，教师同时扮演"参与者"和"挑战者"两种角色。一方面，教师要积极参加课堂讨论，为学生的讨论作指导，解答一些必要的问题；另一方面，教师要帮助和引导学生拓宽思路，跳出以往的思维定式，用新的思路和方法思考问题，不断挑战自我。

（四）进行多元化主体评价

在提问和探讨环节结束后，就到了评价环节。通常情况下，先由主持人根据刚才的发言和讨论情况，评价发言者在演讲内容和演讲表现方面的优点和不足，再由教师进行补充点评，补充前面主持人没有提到的事项，并指导学生以后应该注意哪些问题，如何表现会更好。此外，教师要对此次课程内容进行梳理和总结，完善知识结构，对关键内容做重点讲解，并进行适当的知识拓展。教师还要通过传授学生查阅技巧，思考问题、解决问题的方式等，帮助学生打破惯性思维，逐渐培养学生的发散性思维和独立思考、解决问题的能力。

教学评价要注意评价主体的多元化。评价主体包括学生本人、其他学生和教

[①] 曾祥敏，杨静林."讨论课"与英语专业学生能力的培养[J]. 成都师范学院学报，2013，29（5）：86-90.

师。评价方式有学生自评、学生之间相互评价和教师评价。教师要从多个维度着手进行教学评价，包括学生个人发表情况、课堂讨论中的表现、课堂笔记和书面作业质量等。教师要关注学生在整个学习过程中的综合表现，给予客观、综合性的教学评价。

教师在课堂上要勤于观察，善于发现学生表现突出的地方和不足之处，并以此为基础，对学生的各种表现、努力程度、能力水平等做出恰当的评价。合理而恰当的评价能使学生充分认识到自身的优点和不足，有助于学生不断改进。

此外，在 Seminar 课堂中，课堂笔记也有很重要的意义。通过课堂笔记，可以反映出学生在课堂中是否认真聆听、思考和积极参与。高质量的课堂笔记应该是内容完整并且具有个人属性的。内容包括演讲者发言内容、发现的问题、自己的思考、补充的观点、对发言者的评价等，并且这些内容是只属于自己的个性化记录，不同学生所做的记录也应是不同的。

当然，只进行教学评价是不够的，定期的教学检测也很有必要。通过教学检测，一方面教师能充分了解学生对知识点的掌握情况，据此对教学方案做出相应的调整和改进；另一方面学生也可以从中发现自己的不足，找到以后改进的方向。

（五）有针对性地布置课后作业，延伸学习内容

孔子说"学而不思则罔"[1]。只一味学习而不思考，就容易陷入迷茫。所以，在日语课程学习中，反思和总结是必不可少的。学生通过反思和总结，可以发现自己在学习中的薄弱环节，有针对性地改进；还能从其他学生或教师身上学到新的经验，并汲取其精华，化为己用。为了使学生的反思总结过程变得可视化，教师可以在一节课结束后，给学生布置任务，让学生按照统一的格式，综合自己的表现、课堂讨论情况、教师评价、其他学生的感想等，完成学习笔记。教师对学生的学习笔记进行阅读和评价，并统一保存起来。

除了课堂学习和课下反思，教师还要注重学习内容的拓展。教师可以巧妙地利用学习软件、线上课程、网络聊天工具等和学生进行沟通，给学生布置针对性强的、具有趣味性、多样化的作业。此外，教师还可以激励学生参加竞赛等活动，增加教学的广度与深度，助力学生综合素质的提高，为他们未来顺利走向社会打下坚实的基础。

---

[1] 张恒寿. 孔子 [M]. 北京：人民出版社，2020.

第四节　体验式教学模式在日语教学中的开展

我国部分高校开设日语教学时间较久，但由于学生基础较差，受传统教学模式的影响，教学知识点更新较慢、教学内容陈旧、学生参与度不高等问题，导致教学存在一定的难度，使日语教学并没有起到相应的效果，无法满足具体的教学需要。为了改变日语教学的窘境，部分高校纷纷改变教学模式。其中，体验式教学模式在日语教学中得到应用，此教学模式可通过情境创建，为学生构建更加完整的教学结构体系，充分发挥学生的主观能动性，调动学生的学习兴趣。通过体验式教学模式，师生互动意识增强，教学效果明显，在很大程度上提高了学生日语学习的水平。

一、体验式教学模式的内涵

体验式教学起源于德国，它是由著名的教育学家杜威在一次户外体验培训中提出来的。杜威倡导学校的教学要确立学生的主体意识，让学生成为教学的主体。体验式教学模式主要指的是教师在原有教学理论的指导下，采用一种较为独特的教学方法，根据教学内容创设教学情境，帮助学生完成相应的教学任务，并以实践的形式来检验知识体系的正确性，让学生做到知行合一，进而加深学生对教学内容的理解。

在体验式教学模式下，教师需要具备很强的教学能力，具体要满足以下三点要求。第一，教师要结合学生需要学习的内容和学生的具体情况做好课堂计划，设定情境模式，并使情境模式尽可能地与教学内容和实际生活相贴合。第二，在学习知识时，教师要注重学生的"眼""耳""鼻""舌""身""意"等各种感官体验。教师可以合理使用网络多媒体，并将其作为教学的辅助手段，激发学生的学习兴趣，同时也能丰富学生的感官体验。第三，教师还要坚持学生在课堂中的主体地位，扮演"引导者"的角色，帮助和引导学生积极主动地参与学习和实践，做到力学笃行，学以致用。

高校学生在上大学之前，一般都没有接受过正式的日语学习。学生学习日语主要是靠大学这几年的时间。要想熟练掌握这门语言，只凭借上课时间学习肯定是难以实现的。这就要求学生进行大量的课下练习。而体验式教学模式能够参照课程内容，为学生设定各种情境模式，使学生在练习日语的同时也了解了日本传统文化，对日本文化的了解又反过来加深了学生对日语知识的理解。体验式教学模式实现了日语教学理论和实践的结合，对日语教学大有助益。除此之外，学生通过体验式教学模式加强了与教师和同学的互动，进而无形之中提高了自身的日语水平。

二、体验式教学模式在高校日语教学中的应用

（一）转变教师角色，创建体验式课堂教学

高校日语教学应当积极转变教学理念，摆脱"以教师为主"的传统教学模式，树立"以学生为主"的教学理念，充分发挥学生的主体作用，让学生积极地参与到教学活动中。教师在教授日语课程时可以将学生分成小组，根据课程内容给每个小组安排学习任务，让小组成员团结协作，汇集小组智慧，然后在课堂上向大家展示小组的学习情况。这种小组讨论式学习方法不仅可以提高学生的学习兴趣，还可以加强学生与教师之间的沟通，让教师能够清楚地明白学生的薄弱环节以及学生对相关问题的看法，进而给予相应的指导。

例如，在日语发音教学中运用体验式教学，让学生根据自身学习需求将感兴趣的日语词汇进行汇总和整理，并在课件制作中明确各日语单词的平假名发音、片假名发音，从而不断提升学生日语单词发音的准确性。体验式教学有助于学生更进一步了解日语词汇中的发音方法、发音特点等，同时在发音教学中教师给予适当指导，目的是纠正学生错误的日语发音。从学生的兴趣入手，激发其主观能动性，使学生在学习日语知识的过程中获得良好的情感体验，切实强化学习效果，提高日语教学的有效性。

此外，在日语教学的过程中教师应当学会创设符合学习内容的情境，为学生提供相应的场景，如任务情境创设、问题情境创设等，让学生能够在情境中学习到日语的具体用法，进而掌握相应的日语学习技巧。

（二）积极拓展课外实践课堂

语言学习的最终目的是与人交流，既要重视"学"，又要重视"练"。课堂上的练习时间毕竟有限，因此，教师要积极为学生提供练习和实践的机会。课外实践的方式有很多种，如参加中日交流活动、到相关日企实习等。

通过对"2021年1月1日至2021年12月31日"公开发布在"前程无忧"

上与"日语"相关的招聘信息进行抓取，并进行日语人才需求的行业数据分析，表明人力资源、咨询顾问、财务会计、法律法务、中介服务等专业服务行业的日语人才需求最大，占 32.03%；位居第二的是信息科技行业，占 19.15%，涉及计算机软件、计算机硬件、电子技术、半导体、集成电路、电信、网络设备等细分领域；教育/培训/院校（8.68%）、贸易进出口（8.04%）、互联网/电子商务/网络游戏（7.74%）及机械工业/汽车/汽车零部件（7.46%）四个行业的人才需求占比在 7%～9%，总占比接近人才需求的三分之一[①]。

从上述数据来看，社会对复合型日语人才的需求量占比远高于以单一的日语语言能力为核心竞争力的人才。因此，教师在进行日语教学的同时，要鼓励学生参与各种形式的日语交流活动。这样的课外实践比课堂内模拟的情景式教学更真实，能使学生的日语水平快速提升。同时，通过课外实践活动，学生的日语运用能力、跨文化交际能力、思辨能力、研究能力、创新能力、信息技术应用能力、自主学习能力及实践能力都在一定程度上得到了培养。

（三）加强与日本高校的沟通与交流

要想学好一门语言，语言环境是十分关键的因素。想要学生的日语水平得到提升，高校就要积极为学生创造有利的语言环境，改进体验式教学模式。高校可以增加与日本高校的友好交流与合作，让中日两国学生互相交流、共同合作，一起完成学校的合作项目；或者互相派遣留学生到对方学校留学深造。这样，学生就可以在真实的日语环境中得到锻炼，在与日本学生交流的过程中提高日语水平。

培养良好的跨文化交际能力是日语学习的最终目的之一。对此，高校要高度重视体验式教学模式在日语教学中的应用，积极为学生创设学习日语的情境，让学生在练习中切身体验到日语的文化价值，提高跨文化交际能力。

---

① 欧丽贤，黄均均，郭菲．双循环经济格局下日语人才社会需求的大数据分析[J]．日语学习与研究，2023（2）：92-102．

第五节 "Can-do"评价体系在日语教学中的实践

一、"Can-do"评价体系

"Can-do"是JF日语教育标准对语言能力和语言活动进行不同分类后的详细描述。"Can-do"指的是使用日语胜任和完成任务的能力及日语语言使用的熟练程度。JF日语教育标准首先提出了"日语熟练程度"的说法，在设想了日语的使用场景和具体的语言活动的同时，还根据语言的熟练程度进行了等级划分，分别包括A1（入门级）、A2（基础级）、B1（进阶级）、B2（高阶级）、C1（流利运用级）、C2（精通级）。教师可以通过每个阶段相关标准的具体内容，对现阶段的教学情况做出评估，而学生则可以对自己的语言能力进行准确定位，进而明确今后的学习目标，提高语言的实际运用能力。

二、基于"Can-do"评价体系的ARCS教学模式

教学模式指在一定的教育思想、教学理论、学习理论指导下的教学活动进程的稳定结构形式，即按照什么样的教育思想、教育理论来组织教学活动进程。从以上定义可以看出，教育思想、教学理论和学习理论都能通过教学模式反映出来。反过来，如果教学模式发生了变革，也必然会影响到这三种理论。所以，教学模式的改革是教学理论中较深层次的改革。在传统的教学模式下，教学课堂由教师、学生和教材这三部分组成，教师是课堂的中心，通过讲授、板书等形式，将知识灌输给学生，学生则被动地接受知识。在这种教学模式下，学生在课堂中的主体地位逐渐弱化，进而产生厌学心理，对课堂教学质量造成直接影响。可以说，学生在整个教学过程中的参与度不足是导致课堂教学效果不佳的主要原因之一。而解决此类问题的关键在于教师应注重激发学生的学习兴趣，以学生兴趣为导向，充分调动学生参与课堂教学的能动性，激发学生的学习内驱力，使其愿意投入更多的时间和精力学习日语。

新型的、更能体现学生主体地位的教学模式正在兴起，在现代化教学环境下，除了教师、学生、教材这三个要素，教学媒体成为课堂教学的第四个组成部分。这四个要素彼此结合、相互联系，生成一种新的教学模式。在新的教学模式下，学生是课堂的中心，是学习的主体，应该积极主动地去建构自己的知识体系。教

师则要当好学生学习的引导者和发展的促进者，助力学生完成意义建构。

"Can-do"评价体系也有其倡导的教学模式。其中，ARCS模式是比较重要的一种模式。ARCS模式是一种激发学生学习主动性的教学模式。如果缺乏学习动机和主动性，不论采用什么样的教学方法，其教学效果都会受到限制，所以，ARCS模式特别重视及解决学习动机问题。ARCS模式是通过引起学生的注意（attention）—关联性（relevance）—自信心（confidence）—满足感（satisfaction）四条途径来培养学习动机的。此模式解释了动机的基本组成部分以及激发动机的原则和策略，教师可以结合日语的实际教学工作进行创造性的应用。

具体来说"注意"使学生觉得"课程很有意思"。例如，在上课过程中突然有什么发生了改变或者有什么非常有趣的事情发生。"关联性"使学生感觉"有做的意义"。例如，现在所学的知识将来会有什么用，现在所学的知识和自己熟知的事情有关联等。"自信心"使学生感觉到"只要做就能做到"。在这一点上不能一开始就让学生感觉做了也没用，应该让他们感到成功的喜悦，逐渐增强其自信心。"满足感"让学生感觉到"幸亏做了！太好了！"。教师要充分利用ARCS动机策略创造一种积极、活跃的课堂学习氛围，使学生由"不爱学，不想学"转变为"爱学，想学，主动学"。

三、"Can-do"评价体系在基础日语中的应用

通过"Can-do"评价体系可以制订教学计划、评价教学效果，还可以以"Can-do"为基础实施一些激发学生学习动机的调查活动。在制订教学计划方面按照"Can-do"的几个步骤进行设计。首先确定教学目标，其次选择在这个教学目标下想做的一些教学活动，再次选择活动方式、活动步骤，最后实施教学活动。在评价教学效果时，教师可以根据教学需要，以"Can-do"标准为依据分别制作阅读、写作、听力、口语等方面的具体评价表格。评价表格分为自我评价表、教师评价表、师生共评表等。在激发学生学习动机以及对学生进行调查方面，主要通过调查学生目前的学习心理状况、分析他们在目前阶段学习的动力来源来研究个体学习动机的差异。通过调查、分析、总结出个体学习动机的共同点，这个共同点就是教师进行课堂设计和教学活动的重要参考。日语教师借助这些分析数据，可以巧妙地制订教学计划、合理地安排教学步骤，以达到最佳的教学效果。

传统的教学方法，以语法为重点，依次讲解单词、语法、课文、课后练习。在教学评价上主要有终结性评价和形成性评价两种。目前形成性评价注重课堂效

果，其评价标准主要以教师为主导。终结性评价通常以纸质试卷分数为依据来评定学生的学习效果。该评价方式主要集中在对词汇、句型、语法等知识层面的考查，而忽视了学生实际运用能力的培养。在外语教学改革的新形势下，多数教师意识到语言知识以"分数定能力"的弊端，开始注重培养学生的语言运用能力，积极通过各种方法，收集、记录和分析学生日常学习信息数据，采用动态的形成性评价方式。

在实际教学过程中，按学习阶段对学生的状态进行分析。学期开始阶段，采用传统教学方法学习的学生感觉学习轻松，快速入门，而采用"Can-do"教学评价体系的学生在学期开始阶段由于直接切入话题教学，课上教师讲解较少，学生感觉没有明确的学习目标，在做课堂活动时感到手足无措，日语学习较为吃力。但是随着时间的推移，采用传统教学方法的学生在后期出现了短暂的疲劳期，特别是在语法讲解部分明显兴趣降低，课堂气氛相对前期显得沉闷。而采用"Can-do"教学评价体系的学生则随着课堂活动的持续进行，慢慢适应了以话题中心、课下自主学习课本知识的模式，学习的积极性有了明显的提高，在进行课堂活动时也都很活跃。与此同时，由于学生自主学习能力得到了培养，在课堂之外，他们搜集了大量和课堂知识有关的材料进行学习，从而提高了学习效率。

参考文献

[1] 丁尚虎，赵宏杰.社会语言学与日语教学研究［M］.上海：上海交通大学出版社，2019.

[2] 李明姬.日语教学与思维创新研究［M］.成都：西南交通大学出版社，2017.

[3] 程青，黄建娜，高岩.日语教学与实践应用［M］.长春：吉林人民出版社，2018.

[4] 侯占彩.认知语言学视角下的日语教学探究［M］.北京：知识产权出版社有限责任公司，2021.

[5] 张壮.日本文化与日语教学综合探究［M］.长春：吉林出版集团股份有限公司，2022.

[6] 李晓艳.日语教学的理论与模式研究［M］.长春：吉林出版集团股份有限公司，2022.

[7] 张梅.跨文化教育背景下高校日语教学策略研究［J］.现代职业教育，2023（7）：114-117.

[8] 白红梅，何桂花.高校日语教学中培养大学生跨文化交际能力的策略研究［J］.太原城市职业技术学院学报，2023（2）：151-153.

[9] 钟浩."以学生为中心"的大学日语教学模式构建［J］.林区教学，2023（2）：95-98.

[10] 魏翔宇.课程思政与中职基础日语教学的融合路径探析［J］.张家口职业技术学院学报，2022，35（3）：78-80.

[11] 魏海燕."互联网+"背景下高校日语教学中跨文化交际能力的培养［J］.办公自动化，2022，27（10）：25-27.

[12] 李冰清.高校日语教学中的文化导入［J］.现代职业教育，2022（6）：85-87.

［13］梁田.基于 OBE 理念的日语教学改革创新与实践［J］.科技视界，2019（25）：104；48.

［14］徐蓉.基于多媒体技术的大学日语教学［J］.黑龙江科学，2017，8（1）：56-57.

［15］金盛爱.高校日语专业教学创新［J］.鞍山师范学院学报，2016，18（1）：66-68；76.

［16］徐秀娇.多模态日语教学应用研究——以教材多模态意义建构为中心［D］.昆明：云南师范大学，2021.

［17］付晨曦.基于语料库与教材的义务情态用法研究——以日语教学语法为出发点［D］.大连：大连外国语大学，2020.

［18］柴海燕.Seminar 教学法在中职日语教学中的探索与实践［D］.杭州：浙江工业大学，2018.

［19］张铭.用于日语教学的和语词理据分析［D］.北京：北京外国语大学，2018.

［20］袁佳伟.情境教学法在高校日语精读教学中的应用研究［D］.长春：长春师范大学，2017.

［21］杨红丽.日语教学中的文化导入研究［D］.济南：山东师范大学，2015.

［22］崔爽.情境教学法在中职日语教学中的应用和问题［D］.大连：辽宁师范大学，2011.

［23］曾瑶.日语教学中的文化导入［D］.镇江：江苏大学，2010.

［24］卢晶.自主学习模式在大学日语听力教学上的应用研究［D］.长沙：湖南大学，2010.